Hans-Peter von Däniken, Martina Kamm (Hg.)

Gastfreundschaft und Gastrecht

D1735622

T V Z

Schriften Paulus Akademie Zürich, Band 12

Hans-Peter von Däniken,
Martina Kamm (Hg.)

Gastfreundschaft und Gastrecht

Eine universelle kulturelle Tradition in der aktuellen Migrationsdebatte

EDITION **N Z N**

BEI **T V Z**

Theologischer Verlag Zürich

Der Theologische Verlag Zürich wird vom Bundesamt für Kultur
mit einem Strukturbeitrag für die Jahre 2016–2018 unterstützt.

Bibliografische Informationen der Deutschen Nationalbibliothek
Die Deutsche Nationalbibliothek verzeichnet diese Publikation in der
Deutschen Nationalbibliografie; detaillierte bibliografische Daten sind
im Internet über http://dnb.dnb.de abrufbar.

Umschlaggestaltung: Simone Ackermann, Zürich,
unter Verwendung einer Abbildung von 123RF.
Satz und Layout: Claudia Wild, Konstanz
Druck: ROSCH-Buch Druckerei GmbH, Scheßlitz

ISBN 978-3-290-20161-6
© 2018 Theologischer Verlag Zürich
www.edition-nzn.ch

Inhalt

Recht

Psychologie

Gelebte Gastfreundschaft

Vorwort und Dank

«Vergesst die Gastfreundschaft nicht;
denn durch sie haben einige, ohne es zu ahnen,
Engel beherbergt.»

Hebr 13,2

Es ist anspruchsvoll, mit altertümlich klingenden Begriffen in einer aktuellen, gesellschaftspolitisch brisanten Debatte im 21. Jahrhundert Aufmerksamkeit zu erlangen. Was hat schon eine weit in der Vergangenheit verankerte kulturelle und religiöse Tradition für eine Ausstrahlungskraft, wenn es um hart umkämpfte Leitlinien in der gegenwärtigen Asyl- und Migrationspolitik geht? Wie können über Generationen und Epochen vermittelte Werte in unseren hochkomplexen und legalisierten Gesellschaften noch Wirkkräfte entwickeln? Auf historisches Bewusstsein im Kontext von Migrationsdebatten stösst man selten.

Liegt nicht gerade in dieser historischen Tiefendimension die Kraft von «Gastfreundschaft» als menschlicher Tugend? Sie wurzelt tief in unserer Kultur, und nicht nur in unserer. Gastfreundschaft ist geradezu eine uralte Konstante menschlicher Verhaltensweisen und scheint «in unseren Genen» genauso angelegt wie in jenen anderer Kulturkreise. Jedenfalls kenne ich niemanden, der oder die nicht empfänglich wäre für genuin gastfreundliches Verhalten. Zuvorkommenheit, Offenheit, Wertschätzung – alles Tugenden, von denen wir als mobile Gesellschaft schwärmen, wenn wir auf Reisen sind. Wir schätzen gastfreundliche Menschen und Orte und wissen, was uns Gastfreundschaft wert ist. Aber leben wir sie selber? Pflegen wir sie als Grundpfeiler unserer Kultur? Sind wir uns ihrer menschenverbindenden Kraft noch bewusst? Und gestalten wir die Politik im Sinne einer gastfreundlichen Gesellschaft?

Ende 2015 luden die drei Institutionen Paulus Akademie, Face Migration und Schweizerische Flüchtlingshilfe zur Tagung «Gastfreundschaft – Wie wollen wir in einer bedrängten Welt zusammenleben?» und stiessen auf ein beachtliches Echo. Der zentrale Gedanke der Tagung war, Gastfreundschaft in all ihren aktuell relevanten Facetten auszuleuchten. Es ging also nicht nur um die humanitäre Geste, vielmehr begriffen wir Gastfreundschaft als Kultur, die auch das Soziale, Ethische, Rechtliche, Politische und Religiöse umgreift. In der Diskussion der Vorträge und Workshops tauchten grundsätzliche Fragen und widersprüchliche

Argumente auf, die nach einer Vertiefung riefen. So entstand der Wunsch, dem Thema breiteren Raum zu geben und die Debatte in eine breitere Öffentlichkeit hinauszutragen. Das ist denn auch das Anliegen unserer Publikation: nämlich angesichts der schwer zu überblickenden Migrationsbewegungen und den damit verbundenen gesellschaftlichen Herausforderungen sich nicht von einer eindimensional geführten Debatte der Abwehr bestimmen zu lassen. Und dafür zu sorgen, dass die Rechtsansprüche der Zuwandernden tatsächlich beachtet und nicht Willkür und Diskriminierung überlassen werden.

Sämtliche Texte sind exklusiv für dieses Buch geschrieben worden. Unseren Autorinnen und Autoren danke ich herzlich für ihre Bereitschaft, sich mit diesem anspruchsvollen Thema eingehend zu befassen und sowohl aus wissenschaftlicher und juristischer Perspektive als auch mit dem praktischen Blick des in der alltäglichen Flüchtlingsarbeit tätigen Freiwilligen Stellung zu beziehen. Der Band vereint ganz unterschiedliche Stimmen und macht damit deutlich, welche gesellschaftliche Relevanz mit der Ausgestaltung unserer Migrations- und Integrationspolitik verbunden ist. Ein ganz besonderer Dank gilt den vier Migrantinnen und Migranten, deren Leben aus unterschiedlichen Gründen vor wenigen Jahren eine markante Wende nahm und die nun in der Schweiz leben und arbeiten. Ihre Beobachtungen zum hiesigen Lebensalltag und die emotionale und intellektuelle Verarbeitung ihrer neuen Lebensumstände bereichern unsere Reflexionen zur Gastfreundschaft erheblich.

Mein ganz herzlicher Dank gilt den Mitherausgebern: Martina Kamm von Face Migration habe ich es hauptsächlich zu verdanken, dass wir die Tagung durchführen und diese Publikation veröffentlichen konnten. Ohne ihren inhaltlichen Anstoss und ihr immenses Wissen um Migrationsfragen, ohne ihre professionelle Kooperation und ihr persönliches Engagement beim Thema wäre das Projekt nicht zustande gekommen. Ein weiterer grosser Dank geht an die Schweizerische Flüchtlingshilfe und dort vor allem an Valérie Feldhoff-Mansour, die massgebend zum Erfolg unserer Tagung beitrug, und an Constantin Hruschka.

Der Schweizerischen Flüchtlingshilfe danke ich ferner auch für den grosszügigen finanziellen Beitrag zur Herstellung unserer Publikation. Auch den weiteren Geldgebern gebührt Dank: der Römisch-katholischen Kirche im Kanton Zürich, der Schweizerischen Gemeinnützigen Gesellschaft sowie den Reformierten Kirchen Bern-Jura-Solothurn.

Schliesslich danke ich dem Theologischen Verlag Zürich TVZ für das inhaltliche Interesse am Thema und die sorgfältige Betreuung unserer Publikation. Dem für die Schriftenreihe Paulus Akademie Zürich verantwortlichen Lektor beim TVZ, Markus Zimmer, verdanke ich zahlreiche inhaltliche Anregungen und die tadellose Umsetzung der verlegerischen Arbeit.

Last but not least danke ich auch der Stiftung Paulus Akademie, die uns die Arbeit an dieser Publikation ermöglicht hat.

Zürich, Anfang 2018
Hans-Peter von Däniken
Direktor Paulus Akademie

Einführung

Martina Kamm und Hans-Peter von Däniken

«Jeder Geflüchtete kommt auf seine Weise an. Manche am Morgen nach der Flucht, andere in jenem Augenblick, da ihnen die Einbürgerungsurkunde überreicht wird. Manche immer wieder, andere nie. Bei seiner Mutter geschieht es an jenem Tag, an dem sie wieder Gastgeberin sein darf [...] Sie stürzt sich in die Gelegenheit. Sie ist gänzlich anwesend. Sie vergisst für einige glückliche Momente die grammatikalischen Fehler, die ihr beim mühsamen Scherzen unterlaufen. Strahlend tischt sie ihre Ankunft auf.»[1]

Ilija Trojanow

Ende 2015 führten die Paulus Akademie, Face Migration und die Schweizerische Flüchtlingshilfe in Zürich unter dem Titel «Gastfreundschaft. Wie wollen wir in einer bedrängten Welt zusammenleben?» eine Tagung durch. Der Zufall wollte es, dass der Anlass mit der Flüchtlingskrise zusammenfiel und sich Europa in kurzer Zeit vor die Herkulesaufgabe gestellt sah, eine grosse Anzahl Flüchtlinge zu beherbergen, die vor den Folgen von Krieg und Verfolgung aus Syrien, dem Nahen und Mittleren Osten und Afrika geflüchtet waren. Allein nach Deutschland kamen in den Jahren 2015/2016 über eine Million Flüchtlinge, was eine grosse Herausforderung für ihre Aufnahme und Unterbringung darstellte und noch immer darstellt. Die Schweiz war als kleines Nachbarland von diesen Fluchtbewegungen mitbetroffen, jedoch bei Weitem nicht in vergleichbarem Ausmass.

Doch stellte sich auch für die Schweiz die dringliche Frage nach der Aufnahme und dem Umgang mit Flüchtlingen aus Kriegsgebieten, insbesondere mit der steigenden Zahl an unbegleiteten minderjährigen Asylsuchenden UMA. Zu den wichtigsten Herkunftsländern der Asylsuchenden in der Schweiz zählen nach wie vor jene Länder, die seit Jahren, oft gar Jahrzehnten, von bewaffneten Konflikten und Bürgerkriegen heimgesucht oder von Diktatoren beherrscht werden. So etwa Eritrea, Syrien, Afghanistan, Somalia, Sri Lanka und die Türkei. Es sind Länder, bei denen nicht klar ist, ob und wann ihre Bewohner/-innen je zurückkehren und dort in Sicherheit leben können. So gilt denn auch für die meisten Flüchtlinge dieser Länder, die gegenwärtig zu uns kommen, ein völkerrechtlicher Schutz

---

1 Ilija Trojanow, *Nach der Flucht*. Frankfurt a. M. 2017, 18.

gemäss UNO-Flüchtlingskonvention. Ein Grossteil von ihnen erhält jedoch kein dauerhaftes Asyl, sondern lediglich subsidiären Schutz. So leben die Neuankömmlinge und ihre Familien zum Beispiel mit einer vorläufigen Aufnahme über Jahre, manchmal gar Jahrzehnte in der Schweiz – in einer unsicheren Aufenthaltssituation, die sich nur allzu oft als zermürbendes Dauerprovisorium entpuppt. Diese Flüchtlinge werden zu Fremden in der Fremde, auch weil ihnen kein festes Bleiberecht zugestanden wird. Zu ihrer äusseren Isolation gesellt sich oftmals eine innere, dann zum Beispiel, wenn sie von Bildern und Erinnerungen an traumatische Kriegserfahrungen heimgesucht werden. Diese können sie hier mit niemandem teilen. Auf sie trifft im Kern zu, was der Soziologe Georg Simmel vor mehr als hundert Jahren in seinem Exkurs über den Fremden sagte. Der Fremde, so Simmel in seinem berühmten Aufsatz, «ist nicht der, der heute kommt und morgen geht, sondern jener, der heute kommt und morgen bleibt – sozusagen der potentiell Wandernde, der, obgleich er nicht weitergezogen ist, die Gelöstheit des Kommens und Gehens nicht ganz überwunden hat.»[2] Dieser Fremde wird, wenn darüber die Jahre vergehen, zum Dauergast. Er stellt uns also nicht nur vor die Frage, wie wir ihn aufnehmen und welche Willkommenskultur wir ihm gegenüber bei der Ankunft pflegen. Sondern auch, wie wir nach der Ankunft mit ihm zusammenleben wollen – und er mit uns. Wo gibt es Berührungspunkte, wo Differenzen, und welche Möglichkeiten für ein Miteinander können wir gemeinsam schaffen, so dass aus der Fremde ein Stück Heimat wird.

Heute ist die anfängliche Euphorie der Willkommenskultur, die Offenheit und humanitäre Haltung, welche vor allem in Deutschland zu Beginn den Kriegsflüchtlingen entgegengebracht worden war, weitgehend abgeebbt und einer Ernüchterung, wenn nicht gar offenen Feindseligkeit den Neuankömmlingen gegenüber gewichen. Die Flüchtlingskrise ist zu einer Zerreissprobe für die Politik geworden. Werner Haug konstatiert im neusten Sammelband «Zukunft der Migration. Reflexionen über Wissenschaft und Politik»[3], dass in der Flüchtlingskrise verschiedene politische Krisen der europäischen Migrationspolitik kumulieren. So etwa das Unvermögen der Europäischen Union, auf den Syrienkrieg einzuwirken, die unkontrollierten Fluchtbewegungen über den Balkan und das Mittelmeer und mangelnde innereuropäische Solidarität. Auch Gianni D'Amato[4]

2   Vgl. Georg SIMMEL, *Exkurs über den Fremden*, in: DERS., *Soziologie. Untersuchung über die Formen der Vergesellschaftung* (Gesamtausgabe Bd. 11, hg. v. Otthein Rammstedt), Frankfurt a. M. 1992, 764–771.

3   Werner HAUG/Georg KREIS (Hg.), *Zukunft der Migration. Reflexionen über Wissenschaft und Politik.* Zürich 2017, 9 ff.

4   Gianni D'AMATO, *Migration und Mobilität – Ausdruck oder Treiber gesellschaftlicher Transformationen?*, in: HAUG/KREIS, *Zukunft der Migration* (wie Anm. 3) 95–102.

stellt im genannten Sammelband eine Krise des Europäischen Migrationsregimes fest, das als duales System die legalen Einwanderungsmöglichkeiten aus Drittstaaten einschränkt und in ein Spannungsverhältnis mit dem Europäischen Binnenmarkt bringt. De Facto führe dies, so D'Amato, zu einer Zunahme irregulärer Einwanderung und einem wachsenden Druck auf das Asylregime, was die Abbildungen des Kartografen *Philippe Rekacewicz* in diesem Sammelband eindrücklich zeigen. D'Amato sieht denn auch in der Sicherung und Wiederherstellung der sozialen Kohäsion, zu der Gleichbehandlung und Chancengleichheit gehören, die zentrale Herausforderung für die europäischen Gesellschaften. Eine neue soziale Kohäsion, so der Migrationsforscher, sollte aus einer Bürgergesellschaft entstehen, in der Menschen – unabhängig von ihrer Herkunft und nationalen Zugehörigkeit – Vertrauen schaffen und Solidarität herstellen können.

Vor dem Hintergrund einer gefährdeten gesellschaftlichen Kohäsion erhält das Konzept der Gastfreundschaft mit seiner langen philosophisch-religiösen Tradition und Verankerung in der gelebten Praxis als heuristisches Erkenntnismodell besondere Aktualität. Diese Einschätzung sowie die spannenden Beiträge unserer Tagung vom 26. November 2015 bewogen uns dazu, einen Sammelband mit Beiträgen der unterschiedlichen Referent/-innen sowie weiterer Experten/-innen herauszugeben und damit – so unsere Hoffnung – einen um neue Facetten bereicherten Beitrag zur aktuellen Migrationsdebatte an der Schnittstelle zwischen Theorie und Praxis zu leisten.

In seinem einleitenden Text wirft *Walter Leimgruber* die im Sammelband mehrfach aufkommende Frage auf, wie sich die Berufung auf ungeschriebene Gesetze und Traditionen, wie jene der Gastfreundschaft, mit der Stärkung der Rechte möglichst vieler Menschen verträgt, die sich nicht auf Religion und Tradition, sondern auf Vernunft und Menschenrechte stützen. Trotz dieser Gegenüberstellung kommt Leimgruber zum Schluss, dass «eine Haltung der Offenheit und der Neugier auch den Flüchtlingen die Möglichkeit geben würde, bisweilen in die Rolle der Gastgeber zu schlüpfen, die Einheimischen einzuladen, zu bewirten und zu unterhalten». Solche Begegnungen haben, so gibt er sich überzeugt, einen grossen Einfluss auf die Art und Weise, wie die politischen Prozesse ablaufen. Denn mit diesen alltäglichen Erfahrungen beginnt der Prozess, der zivilgesellschaftliche und staatsbürgerliche Positionen erzeugt. In diesem Sinne bleibt Gastfreundschaft für ihn ein wichtiges Element auch ökonomisierter und legalisierter Gesellschaften.

Heidrun Friese nimmt in ihrem philosophisch-kulturwissenschaftlichen Beitrag vor allem die historischen Verbindungen zwischen Gastfreundschaft (*Hospitalität*) und Feindschaft (*Hostilität*) in den Blick. Vor dem Hintergrund ihrer historischen Skizze der *Ambivalenzen* der Gastfreundschaft können dann Verbindungen zwischen Gastfreundschaft, Ethik und derzeitigen Politiken deutlich werden. Letztere zeigen die Grenzen der Gastfreundschaft auf und untergraben gesellschaftliches Zusammenleben, wenn sie Hostilität, statt sie einzuhegen, zum bestimmenden Element machen. Hier kommt das Konzept der Gastfreundschaft ins Spiel. Es greift weit über die Willkommenskultur hinaus und steht in einer langen philosophischen, religiösen und politischen Tradition. So besitzen etwa die lateinischen Wörter *hostis* (Feind) und *hospes* (Gast) trotz gemeinsamem Wortstamm ganz unterschiedliche Bedeutungsfelder. Sie schwanken zwischen der Bezeichnung des Gastes und der des Feindes – und zeigen damit laut Friese bereits die grundlegende, ambivalente Beziehung zum Fremden an. Diese Ambivalenz wirkt auch im Antagonismus zwischen Freund und Feind weiter und wird bei Carl Schmitt dann zur Grundlage des Politischen. Diese unheimliche Bedeutungsschwankung des Begriffs, der den Fremden, den Gast, den Freund und Feind an das Politische bindet, erlaubt eine tiefergreifende Diskussion der unterschiedlichen Aspekte und Spannungen, welche Mobilität, Ankunft und Aufnahme von «Fremden» mit sich bringen.

Samuel Behloul erinnert in seinem religionswissenschaftlichen Beitrag an das Wagnis der Gastfreundschaft in der alttestamentlichen Tradition, in der die Verwandtschaft zwischen Islam und Christentum tief verwurzelt ist. Die biblische Gastfreundschaft erscheint dort mit als «gewagteste Theologie des Alten Testaments». Sie fusst darauf, dass Gott in Jesus Christus selbst Mensch, Fremder und Gast wird. Die religiöse Fundierung der Praxis der Gastfreundschaft in der Tradition Abrahams in der Bibel und im Koran, in zwei Religionen «mit Migrationshintergrund» also, kann uns daran erinnern, dass der «Fremde» nicht pauschal als eine Bedrohung und als Problem wahrgenommen werden muss. Das Zugehen auf den «Fremden» und der gastfreundliche Umgang mit ihm können vielmehr zu einer besonderen, bereichernden Gott- und Menscherfahrung werden. Dass die Gastfreundschaft in der Tradition Abrahams den Gastgeber nachhaltig verändern kann, bringt Samuel Behloul mit den Worten des Theologen Henri J. M. Nouwen auf den Punkt. Dieser bezeichnet das biblische Konzept der Gastfreundschaft als «einen der dichtesten biblischen Begriffe, der unser Verständnis für unsere Beziehungen zu unseren Mitmenschen vertiefen und erweitern kann»[5].

Miriam Schneider verdeutlicht in ihrem Beitrag die Wichtigkeit einer auf gegenseitigem Austausch beruhenden Beziehung. Bei der rituellen Gastfreundschaft lädt eine religiöse Gemeinschaft eine andere zu sich in den sakralen Raum ein, in dem die gastgebende Seite ihre religiösen Rituale vollzieht. Bei dieser Form der Gastfreundschaft können die Gäste echtes Interesse an der Religion der Gast-

5   Henri J. M. Nouwen, *Der dreifache Weg* (übers. v. Radbert Kohlhaas), Freiburg i. Br. 1984, 59.

geber zum Ausdruck bringen. Die gastgebende Seite wiederum kann den Gästen ihren intimsten und persönlichsten Aspekt ihres Glaubens, ihre Rituale, zeigen. Das verdeutlicht, dass Gastfreundschaft in der christlichen Tradition als gegenseitiges Beziehungsgeschehen zu verstehen ist. Die Menschen sind Gäste in der Schöpfung Gottes durch Jesus Christus und gleichzeitig werden sie zu Gastgebenden, indem sie Jesus Christus als Gast aufnehmen. So versteht die Bibel Gastfreundschaft hauptsächlich als radikale Offenheit gegenüber anderen, die auf dem Bekenntnis zur Würde aller Menschen beruht.

Kritischer stehen die Verfasser der beiden juristischen Beiträge der aktuellen Verwendung des Konzepts der Gastfreundschaft und des Gastes gegenüber. So verdeutlicht der Spezialist für Migrationsrecht und Anwalt, *Marc Spescha*, dass das Konzept der Gastfreundschaft für die Frage nach dem Umgang mit längerfristig Bleibewilligen und gar dauerhaft hier Ansässigen wenig hilfreich ist. Insofern als selbst bei langjährig anwesenden *Ausländer/-innen*, die zu *Einheimischen* (ohne Schweizer Pass) geworden sind, regelmässig vom «Missbrauch des Gastrechts» die Rede ist, wenn sie hier straffällig werden, führt die Vorstellung von Gast und Gastrecht gar in die Irre. Der Rechtsstaat setzt hinsichtlich der Stellung Immigrierter, so Spescha, daher nicht auf unbeständige Gastfreundlichkeit, sondern schafft verbindliche individuelle Rechtsansprüche. Mit Blick auf Asylsuchende basieren diese auf der Genfer Flüchtlingskonvention und dem diese Konvention auf Landesebene umsetzenden Asylgesetz. Es definiert die Flüchtlingseigenschaft und schützt den so Qualifizierten vor einer Rückschiebung ins gefährdende Herkunftsland. Als staatsvertraglich verpflichteter und grundrechtlich basierter Verfassungsstaat ist die Schweiz auch ein *Menschenrechtsstaat*. Die Würde von Immigrantinnen und Immigranten ist daher primär in den Kategorien des Rechts, vor allem der Menschenrechte zu verteidigen und nicht im Appell von Sonntagsreden zu behaupten. Rechte vermitteln, so Spescha, verbindliche und einklagbare Positionen. Sie sollen als *Grund*rechte vor Willkür und Diskriminierung schützen, Verfahrensgarantien und faire Interessenabwägungen gewährleisten und – ganz besonders in Migrationskontexten – die Berücksichtigung des Kindeswohls sowie privater und familiärer Interessen sicherstellen. Grund- und Menschenrechte sind keine absoluten Garantien, daher werden sie von Migrationsbehörden mitunter als lästige Hindernisse betrachtet. Eine Integrationspolitik, die diesen Namen verdient, sähe denn auch anders aus, von Willkommenskultur oder echter Gastfreundschaft ganz zu schweigen. Der Appell an das Mitgefühl mit «Fremden», aber auch mit dauerhaft hier lebenden und heimisch gewordenen «Ausländern» findet in der Behördenpraxis kaum Widerhall. Insofern die Art und Weise, wie ein Staat seine Ausländer behandelt, ein Gradmesser seiner rechtsstaatlichen Kultur ist, ist die Lage laut Marc Spescha auch in der Schweiz besorgniserregend.

Der Experte für Migrations- und Flüchtlingsrecht, *Constantin Hruschka*, geht in seinem Beitrag einerseits dem Begriff des Gastrechts nach, das vor allem in der theologischen, der philosophischen und der politisch-öffentlichen Debatte eine Rolle spielt. Andererseits verweist auch er darauf, dass, sobald wir auf den aktuellen öffentlichen Diskurs schauen, die aufgezeigte Kategorisierung von Flüchtlingen als Gäste einen sehr starken Einfluss auf das Denken und insbesondere auf den politischen Diskurs hat. Flüchtlinge als verfolgte Personen, so Hruschka, die nach dem Flüchtlingsvölkerrecht das Recht haben sollen, sich an sicherem Ort ein neues Leben aufzubauen, können diese Rechtsposition nur in Anspruch nehmen, wenn sie sich wohlverhalten. Sie werden dadurch als Gäste konstruiert und nicht mehr als Träger von bestimmten Rechten angesehen, wie dies nach dem Flüchtlingsvölkerrecht vorgesehen wäre. In der Rechtsordnung und im öffentlichen Diskurs finden sich somit immer mehr Regelungen, die das Recht auf Partizipation von einem absolut untadeligen Verhalten abhängig machen. Sie setzen damit einen Standard, der weit über das hinausgeht, was einheimische Personen leisten müssen. Die Grenze für diese Entwicklung ist in der aktuellen rechtlichen Situation mit dem physischen Schutz gegeben, der an den Schutz der Menschenwürde anknüpft und sich in dem für alle Personen geltenden Recht auf Hilfe in Notlagen spiegelt (Art. 12 der Bundesverfassung). Verschiedene aktuelle Vorstösse und Initiativen weisen in eine Richtung, die sogar diesen Anspruch in Frage stellen möchte und eine volle Orientierung des Aufenthaltsrechts am Wohlverhalten fordert. Das Bild des «undankbaren Gastes» leistet diesen Tendenzen erheblichen Vorschub und ist damit geeignet, den völkerrechtlich garantierten Schutz von Flüchtlingen noch weiter auszuhöhlen, als dies aktuell bereits der Fall ist.

Die Ärztin und Jugendpsychiaterin *Fana Asefaw*, die eritreische Wurzeln hat und mit eritreischen Flüchtlingen arbeitet, zeigt in ihrem Beitrag, wie wichtig es ist, dass die Aufnahmegesellschaft adäquate Strukturen bereitstellt, wenn es um die Behandlung und Betreuung von unbegleiteten minderjährigen Asylsuchenden UMA geht. Fana Asefaw betrachtet die Situation vieler eritreischer Flüchtlinge in der Schweiz mit Sorge. So gelingt es aktuell den Flüchtlingen kaum, ihre eigenen Ressourcen zu mobilisieren. Dies, obwohl sie in der Vergangenheit in ihrem Heimatland und auf der Flucht bewiesen haben, dass sie imstande sind, viele neue Herausforderungen zu meistern. Unabhängig von individuellen Faktoren wie guten Ressourcen und hoher Widerstandsfähigkeit zeigt sich, dass der Einsatz von individuell engagierten Integrationsfachleuten einen positiven Beitrag zur Integration leistet. Niederschwellig sollten Schlüsselpersonen und Kulturvermittler mit den Flüchtlingsinstitutionen zusammenarbeiten. Da ihnen beide Kulturen vertraut sind, können sie die Flüchtlinge besser verstehen und ihnen Strategien aufzeigen, wie sie längerfristig den emotionalen Stress, die sprachlichen und kulturellen Barrieren, aber auch die Enttäuschung über mangelnde Perspektiven und mangelnde positive Selbstwirksamkeitserfahrung während dem lang andauernden Integrationsprozess überwinden können. Auch ist es zielführender, wenn die jungen Flüchtlinge im Alltag mit der Gesellschaft im Austausch stehen und es keine sensiblen Zonen gibt, wo sie nicht hindürfen. Sie sollten Freizeit- wie auch kulturelle Angebote kennenlernen und daran teilnehmen dürfen.

Im Praxisteil des Sammelbands gibt *Anni Lanz*, eine Pionierin der Flüchtlingsarbeit in der Schweiz, Einblick in ihre jahrzehntelange Arbeit an der Basis für Flüchtlinge und Asylsuchende. Gelebte Gastfreundschaft ist, so Anni Lanz, mehr als die Verköstigung und Unterbringung von Freunden und Bekannten. Sie umfasst auch die respektvolle und grosszügige Aufnahme von «fremden und befremdenden» Personen. Eine gute Gastgeberin, sowohl im privaten wie im kommerziellen Bereich, vermittelt den Besuchenden unterschiedslos das Gefühl, willkommen und gut aufgehoben zu sein. Asyl stimmt mit Gastfreundschaft überein, beides sind uralte kulturelle Werte in allen Gegenden der Welt. Doch Asyl geht in den Aufnahmeverpflichtungen der Gastgebenden viel weiter: Der Gast soll sich gut aufgehoben und geschützt fühlen, auch wenn dem Gastgebenden dadurch Ungemach droht, etwa wenn sich die Feindschaft des Verfolgers auch gegen den Schutzgebenden richtet.

Ihre Kollegin, *Amanda Ioset*, geht in ihrem Beitrag denn auch mit Beispielen aus der Westschweiz auf Aktionen zivilen Ungehorsams ein – so etwa, wenn die praktizierte Gastfreundschaft sich über restriktive Aufenthaltsbestimmungen hinwegsetzt. Bei den Versteckaktionen, Kirchenasylen und Kirchenbesetzungen, von den Gegnern als rechtsfreie Räume verfemt, setzen sich die Aktivistinnen und Aktivisten und «Beschützten» über gesetzlich gestützte Anordnungen hinweg, indem sie sich auf übergeordnetes Recht oder auf eine höher stehende Gerechtigkeit berufen. So haben sich die Formen des Widerstands laut Amanda Ioset immer weiterentwickelt. Heute erfordern die Mechanismen der Dublin-Verordnung und der vermehrte Rückgriff der Behörden auf Zwangsmassnahmen neue Strategien gegen die Gewalt der Ausgrenzung. Wie das geht, zeigt etwa das Beispiel des *Collectif R*, das im Kanton Waadt in der Westschweiz seit Kurzem die Tradition des Kirchenasyls wiederaufleben lässt.

Séverine Vitali erzählt in ihrem Text vom Besuch als Gast in einer sogenannten «Notunterkunft für abgewiesene Asylbewerberinnen und -bewerber» NUK. Sie ist zu Gast bei Menschen, welche trotz ihrer maximal prekären Situation meist erstaunlich lange bleiben. Darum haben, so Séverine Vitali, die Freiwilligen-Organisationen wie *Solinetz* in Zürich damit begonnen, selber aufsuchende Freiwilligen-Arbeit zu leisten. Die Deutschkurse finden neu als Home-Schooling statt, nach den *Flying Teachers* gibt es jetzt «fliegende Juristinnen und Juristen». Sie persönlich, so die Autorin, gehe am liebsten auf Besuch. Sie sei so frei: «Ich lasse mich einladen und bin zu Gast. Auf Kosten der Nothilfebezüger oder der Steuerzahlenden. Zum Kaffee zum Beispiel oder zum Essen.» So endet ihr Kurzbeitrag mit dem Rezept für eine «Pizza Sette Giorni».

Andreas Nufer geht auf die Grundanliegen einer gastfreundlichen Kirche in einer solidarischen Gesellschaft ein und verbindet sie mit einer biblischen Gerechtigkeit in der Migrationspolitik. Gegen diese gibt es, so der evangelisch-reformierte Pfarrer, seit jeher Widerstand. Aktuell sind es nationalkonservative und rechtspopulistische Parteien und Kreise, die die Kirchen auffordern, sich nicht in die Politik einzumischen, und bevorzugte Rechte für Einheimische fordern. Der Autor ist Mitglied einer Gruppe von Theologinnen und Theologen, die im Jahr 2015 eine «Migrationscharta»[6] verfasst haben. Sie leiten aus deren Grundsätzen drei Grundrechte einer neuen Migrationspolitik ab. So das Recht auf freie Niederlassung, das Recht auf Asyl und das Recht auf Sicherung der Existenz. Diese solidarische Gastfreundschaft gilt es laut Andreas Nufer für die ganze Gesellschaft fruchtbar zu machen.

Abgerundet wird der Sammelband durch vier Stimmen von Neuankömmlingen, die in kurzen Aperçus darüber berichten, wie es für sie ist, in der Schweiz zu Gast zu sein. *Alekper Aliyev* aus Aserbaidschan fragt sich, ob er wohl ein Gast in der Schweiz sei oder nicht, und stellt fest, dass er sich weder im existenziellen Sinne noch auf intellektueller Ebene in der Schweiz als Gast oder fremd fühle. Im Gegenteil: «Ich denke», so Aliyev, der aus Aserbaidschan stammt, «dass ich ein besserer Beobachter bin, als es ein Gast es sein könnte, und dass ich die Schweiz gut kenne.»

Auch die Tibeterin *Choedon Arya* schildert ihre Erfahrung in der Schweiz in den wechselnden Rollen eines Gastes, einer Touristin und einer Bürgerin. So ändern sich ihre Gefühle, je nach dem, auf was für Menschen sie trifft.

In seinem Beitrag mit dem Titel: «Bin ich Gast in der Schweiz?» erinnert der Kurde *Khusraw Mostafanejad* an das Sprichwort in seiner Muttersprache, das seine Mutter oft verwendete: «Die ersten drei Tage in deinem Haus gilt ein Besucher als Gast.» Wenn er als Flüchtling in der Schweiz – oder irgendwo anders – Asyl beantrage und nach einer Weile nicht «mithelfe», wäre das für ihn Missbrauch. Dies, weil er von der Arbeitsleistung der Schweizerinnen und Schweizer leben und sich davon ernähren würde. Rechtlich würden Flüchtlinge hierzulande so lange als Gäste betrachtet, bis sie eine Aufenthaltsbewilligung bekämen. Dies bedeutet, so Khusraw Mostafanejad, dass sie von Seiten der Schweizer Bevölkerung immer wie

---

6 Vgl. www.migrationscharta.ch.

Gäste betrachtet werden. Keine Aufenthaltserlaubnis zu haben, sei schlimm, denn dies verhindere die Integration der Geflüchteten in die Gesellschaft. Es dauere lange, bis man aus diesem unfreiwilligen Dasein als Gast befreit werde.

Auch dem Afghanen *Hussein Mohammadi* ist diese Ambivalenz bewusst geworden: «Ich kam mit dem Ziel, ein besseres Leben in Sicherheit und Ruhe aufzubauen. Ich sah mich nicht als Gast und erwartete deshalb von niemandem, dass er mich als Gast betrachtet. Aber ich habe mich ungewollt wie ein Gast verhalten.»

Es erstaunt kaum, dass sich die theoretische und politisch-historische Ambivalenz im Begriff Gast/Feind auch in der gegenwärtigen Praxis der Gastfreundschaft widerspiegelt. Immer wieder kommt darin eine Hierarchie zwischen Gastgeber/-in und Gast zum Ausdruck. So werden dem Neuankömmling als Gast klare Grenzen in seinen Ansprüchen und im Aufenthalt gesetzt, Begegnungen auf Augenhöhe verhindert und eine gewisse Dankbarkeit und Bescheidenheit erwartet. Dem stehen eine positive Tradition und Praxis einer gelebten Offenheit und Gastfreundschaft gegenüber, wie sie in vielen Kulturen und Religionen gepflegt und geschätzt wird.

Solche Begegnungen auf Augenhöhe haben, so zeigt der Sammelband, einen grossen Einfluss auf die Art und Weise, wie die politischen Prozesse ablaufen und gestaltet werden. Gastfreundschaft bleibt ein wichtiges Element auch ökonomisierter und legalisierter Gesellschaften. Dass im Sammelband die kritischste Beurteilung zur Verwendung des Konzepts Gastfreundschaft von Seiten der Rechtsexperten kommt, ist kein Zufall und gibt zu Besorgnis Anlass: Seit Jahren wird im Gesetz und in der Rechtspraxis am Recht auf angemessenen Schutz verfolgter Flüchtlinge und ihrer Familien geschraubt. Es ist zunehmend eine behördliche Willkür zu beobachten, die sich bei Ausschaffungen und an ablehnenden Asylentscheiden zeigt. Diese werden am schwer zu messenden Wohlverhalten des Einzelnen festgemacht. Hier wird das Konzept der Gastfreundschaft insofern instrumentalisiert und ausgehöhlt, als zunehmend mehr Menschen zu «Dauergästen» werden, indem restriktive aufenthaltsrechtliche Bestimmungen ihren Aufenthalt nicht nur über kurze Zeit, sondern auf Dauer stark prägen und einschränken. Damit stellt sich auch verfassungsmässig die Frage nach der Würde jedes Einzelnen: Ist es zulässig, jemand anderen einer Situation auszusetzen, welche man für sich selbst auf Dauer als unzumutbar betrachten würde? Als Dauergäste sind die fremden Gäste zwar widerwillig geduldet, als Menschen mit Bürgerrechten jedoch nicht erwünscht.

Anstatt also in den Zugewanderten primär eine Bedrohung zu sehen und auf sie mit Mechanismen der Abwehr zu reagieren, sollte unser Augenmerk der Begegnung, dem Dialog und der Solidarität mit unseren neuangekommenen Mitmenschen gelten. Ob dies aus religiöser Überzeugung, aus staatspolitischer Einsicht, aus Sorge um den Rechtsstaat oder aus humanistischer Gesinnung schlechthin geschieht – es gibt viele Gründe und Motivationen, die für eine Pflege gelebter Gastfreundschaft sprechen.

Ungewollt als Gast in der Schweiz

Hussein Mohammadi

Er war auch ein Afghane. Als ich auf dem Weg nach Hause war, habe ich ihn kennengelernt. Wir haben uns über unser Leben in der Schweiz unterhalten. Als es an der Zeit war, dass er aus dem Zug ausstieg, bat er mich mehrmals, zu ihm nach Hause mitzugehen. Ich habe diese Situation schon oftmals erlebt, zufällig eingeladen zu werden oder zufällig selber jemanden einzuladen. Ein Bedürfnis, das immer wieder in verschiedener Form in uns ist, hat sich zu einer unserer Gewohnheiten entwickelt. Diese kennt man hier in der Schweiz nicht.

Obwohl viele Menschen in der Schweiz nett sind, hat mich in diesen vier Jahren, seit ich in der Schweiz lebe, kein Schweizer zum Nachtessen oder für eine Übernachtung zu sich nach Hause eingeladen. Allerdings habe ich das auch nicht erwartet. Im Laufe der Zeit machte ich die Erfahrung, dass die Menschen hier gerne ein gut organisiertes, geplantes Leben führen. Dies habe ich mehrmals am Arbeitsplatz und in der Gesellschaft erlebt. Schweizerinnen und Schweizer freuen sich selten auf Ungeplantes, Überraschendes und deshalb auch nicht auf unerwartete Gäste.

In einem Land wie der Schweiz, wo man schon als Kind vor einer unendlich grossen Auswahl an Lebensformen steht, ist es wichtig, organisiert zu sein. Man kann hier unzählige Sportarten betreiben, überallhin reisen, an vielen Festen teilnehmen, Abenteuer erleben. Aber das Allerwichtigste ist, dass man wirtschaftlich in der Lage ist, sich an allen Angeboten zu beteiligen. Das macht verständlich, weshalb man in einer solchen Gesellschaft schon früh lernt, Termine zu vereinbaren, um jemanden einzuladen oder bei jemandem eingeladen zu werden.

Die Beobachtung, dass in letzter Zeit viele neue Restaurants und Bars aufgegangen sind, hat mich erkennen lassen, dass die Menschen hier ihre Gastfreundschaft gegenüber Freunden und Bekannten lieber an solchen Orten ausleben als bei sich zu Hause. Restaurants, Bars, Cafés und Partylokale haben ihren Beitrag dazu geleistet, dass die Gastfreundlichkeit in diesem Lande eine neue Gestalt annimmt. Aus meiner Sicht ist das allerdings kein Ersatz für ein Treffen zu Hause.

Dort ist man sich näher, man fühlt sich wohler und empfindet Wärme. Nur so kann ein Wir-Gefühl entstehen. Ich kam mit dem Ziel in die Schweiz, ein besseres Leben in Sicherheit und Ruhe aufbauen zu können. Ich sah mich nicht als Gast und erwartete deshalb von niemandem, mich als Gast zu betrachten. Aber ich habe mich ungewollt wie ein Gast verhalten.

Als ich neu in die Schweiz kam, dachte ich mir, dass man hier viele Freunde haben kann. Aber im Laufe der Zeit fand ich heraus, dass die Menschen in diesem Land um sich eine Mauer gezogen haben, die schwer zu überwinden ist. Zwar kam ich, seit ich hier lebe, mit vielen Schweizern in Kontakt, sehr freundlichen und anständigen Menschen. Ich führte viele interessante Gespräche mit ihnen und sagte mir, dass ich nicht mehr alleine sei und jetzt viele Freunde um mich hätte. Aber mit der Zeit wurde mir klar, dass ich diese Freunde nur an Anlässen und Veranstaltungen treffe. Wenn es diese Anlässe und Veranstaltungen nicht geben würde, wäre ich eine einsame Person und würde diese Menschen wahrscheinlich nicht mehr sehen. Deshalb finde ich es wertvoller, jemanden zu sich nach Hause einzuladen oder selber von anderen eingeladen zu werden. Es hilft Menschen, eine gute Beziehung zueinander aufzubauen, und ist die beste Methode, die erwähnte Mauer zu überwinden.

Um ehrlich zu sein: Ein paar Mal wurde ich auch schon von Schweizern zu ihnen nach Hause eingeladen, allerdings nicht sehr oft.

Übersetzung: Binam Jami

Flüchtlingswege
Karten

Philippe Rekacewicz

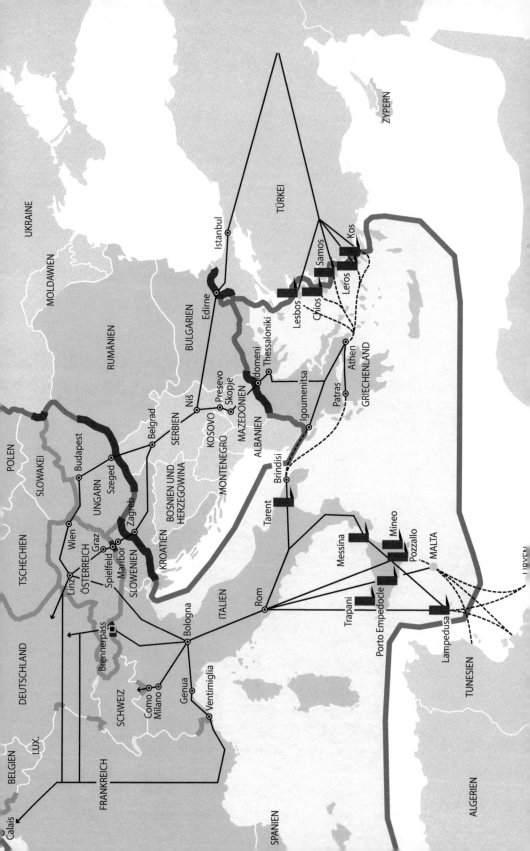

Karte 1: Wege der Hoffnung über das Mittelmeer und durch den Balkan

Europäische Union und assoziierte Länder

Grenzen zum Schengen-Raum, die hauptsächlich
von der Grenzagentur Frontex überwacht werden

Neue Grenzmauern und -zäune (bestehend oder in Planung)

Wiedereinführung von Grenzkontrollen ab August 2015

Hotspots, die am Europa-Gipfel vom
15. Oktober 2015 bestimmt wurden

Wichtigste Migrationsrouten und Reisewege

— Zu Land

---- Zu Wasser/Luft

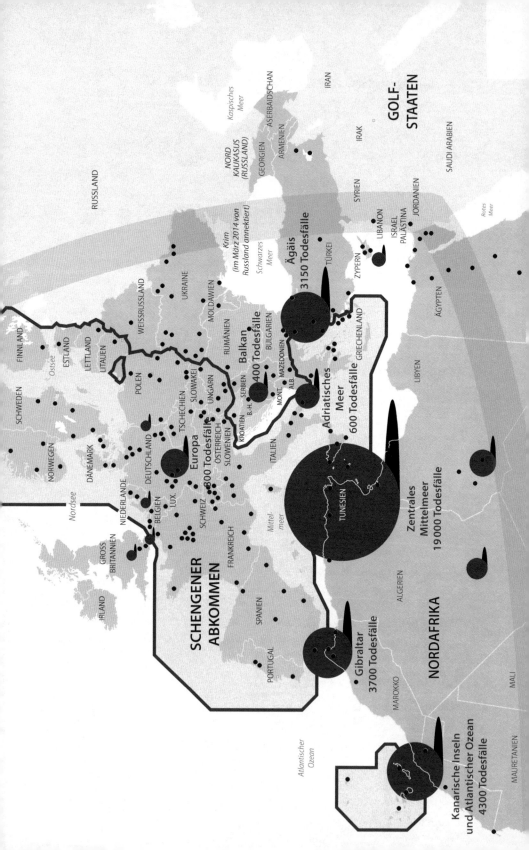

RUSSLAND

FINNLAND

SCHWEDEN

NORWEGEN

Ossee

ESTLAND

LETTLAND

LITAUEN

DÄNEMARK

Nordsee

GROSS BRITANNIEN

IRLAND

NIEDERLANDE

BELGIEN

LUX.

DEUTSCHLAND

POLEN

WEISSRUSSLAND

UKRAINE

MOLDAWIEN

Krim
(im März 2014 von
Russland annektiert)

Schwarzes
Meer

Kaspisches
Meer

IRAN

GOLF-
STAATEN

ASERBAIDSCHAN

ARMENIEN

GEORGIEN

NORD
KAUKASUS
(RUSSLAND)

IRAK

SAUDI ARABIEN

SYRIEN

LIBANON

ISRAEL
PALÄSTINA

JORDANIEN

Rotes
Meer

TÜRKEI

ZYPERN

Ägäis
3150 Todesfälle

Balkan
400 Todesfälle

RUMÄNIEN

BULGARIEN

MAZEDONIEN

SERBIEN

B.-H.

MONT.

ALB.

GRIECHENLAND

ÄGYPTEN

LIBYEN

Adriatisches
Meer
600 Todesfälle

TSCHECHIEN

SLOWAKEI

UNGARN

Europa
600 Todesfälle

ÖSTERREICH

SLOWENIEN

KROATIEN

SCHWEIZ

FRANKREICH

ITALIEN

Mittel-
meer

TUNESIEN

Zentrales
Mittelmeer
19000 Todesfälle

NORDAFRIKA

ALGERIEN

SCHENGENER
ABKOMMEN

SPANIEN

PORTUGAL

Atlantischer
Ozean

MAROKKO

Gibraltar
3700 Todesfälle

MALI

MAURETANIEN

Kanarische Inseln
und Atlantischer Ozean
4300 Todesfälle

Europäische Union und assoziierte Länder

Pufferzone: Länder, die ihre Einwilligung zur Einrichtung von
Lagern auf ihrem Territorium gaben. Dies mit dem Ziel,
Migranten/-innen auf ihrem Weg neu zu gruppieren.

Und die drei angrenzenden Grenzräume:

1. Die vorgelagerte Zone zu Europa:

Länder, welche ein bilaterales Abkommen unterzeichnet haben
und Gelder von der EU erhalten, um den Migrationsverkehr nach
Europa zu verhindern.

2. Die echte Grenze Europas:

Schengen Grenzverlauf. Ein strikt kontrollierter Zugang (strenge Regeln im
Hinblick auf Asylrechte, häufige Internierung in Lagern und Abschiebungen).
Dieser Grenzverlauf ist schwer bewacht durch die Frontex-Agentur.

3. Die nachgelagerte Grenze zu Europa:

Migranten/-innen unterwegs, denen es gelungen ist, die ‹rote Linie› zu
überqueren. Sie konzentrieren sich an den schwarz markierten Punkten:
Es handelt sich dabei um geschlossene oder halb geschlossene
Internierungslager, aus denen die Migranten/-innen wenn möglich wieder
abgeschoben werden können.

Migranten/-innen unterwegs und auf der Flucht, die beim Versuch,
nach Europa zu gelangen, zwischen 1992 und 2015 starben.
Die Kreise sind proportional zur Anzahl Todesfälle (total und im
Minimum geschätzte Anzahl für Europa: 33 500).

Karte 3: Flüchtlingsrouten aus Afrika und Asien

Wichtigste Herkunftsländer von Migranten/-innen, die unterwegs sind ohne Bestimmung der Reisegründe. Manche dieser Länder beherbergen auch dauerhaft oder temporär eine grosse Anzahl von Flüchtlingen oder Migranten/-innen.

Europäische Union und assoziierte Länder im Dezember 2016.

Schengen Grenzverlauf

Ein strikt kontrollierter Zugang (strenge Regeln im Hinblick auf Asylrechte, häufige Internierung in Lagern und Abschiebungen).

Wichtigste Transit-Länder, in denen Migranten/-innen unterwegs einem hohen Risiko von Gewalt und schlechter Behandlung ausgesetzt sind.

Länder oder Regionen, die die Aufnahme von Flüchtlingen untersagen, nicht jedoch die Anwesenheit von Arbeitsmigranten/-innen, die unter extrem restriktiven Vorschriften arbeiten (häufige Internierung und Abschiebung)

Interkontinentaler Verkehr von Migranten/-innen

Interregionaler Verkehr von Migranten/-innen

Wichtigste Durchgangszonen oder Sammelstellen

Gast-Recht
Ein komplexes Gefüge

Walter Leimgruber

Was Gastfreundschaft ist, kann man in vielen Ländern auf grossartige Weise beobachten. Wir haben sie im Oman erlebt, einem arabischen Land, von dem wenig die Rede ist, weil es weder Kriege noch Unruhen produziert. Immer wieder wurden wir spontan eingeladen, zum Essen, gar an eine mehrtägige Hochzeit. Die Leute sind von einer umwerfenden Herzlichkeit, die uns berührt, weil wir spüren, dass wir, und damit meine ich Menschen aus westlichen Ländern wie der Schweiz, nie auf diese Weise auf Fremde zugehen würden. Dabei ist das Konzept der Gastfreundschaft wohl eine der berühmten anthropologischen Konstanten: die Idee, dass jemand von jemand anderem bewirtet wird, aufgenommen wird in dessen Haus, auch Schutz erhält, scheint in praktisch allen Kulturen zu existieren. Die Regeln der Gastfreundschaft, wie auch immer sie im Einzelnen ausgestaltet sein mögen, bestimmen das Zusammenleben und den Austausch zwischen Menschen mit. Nicht primär mit Verwandten und Freunden, auch wenn der Begriff diese Ebene nicht ausschliesst, sondern primär mit den Menschen, die man nicht kennt, mit Fremden. Diesen begegnet man zunächst mit Misstrauen; es könnten ja Feinde sein, die einem schaden wollen. Gastfreundschaft ist eine Form des Umgangs mit dieser Bedrohung.

Die Regeln der Gastfreundschaft sorgen dafür, dass man den Fremden nicht automatisch als Feind sieht, sondern ihm eine Brücke, einen Zugang zur eigenen Lebenswelt baut. Die lateinischen Begriffe *hostis* und *hospes* stehen beide für den Fremden, bei Ersterem schwingt zusätzlich die Bedeutung «Gegner» und «Feind» mit, beim zweiten die Bedeutung «Gast».[1] Der Sinn von Gastfreundschaft besteht daher nach Nietzsche darin, «das Feindliche im Fremden zu lähmen. Wo man im Fremden nicht mehr zunächst den Feind empfindet, nimmt die Gastfreundschaft

---

1   Hans-Dieter Bahr, *Die Sprache des Gastes*. Eine Metaethik. Leipzig 1994, 37.

ab; sie blüht, solange ihre böse Voraussetzung blüht.»[2] Der Statuswandel hilft, die Angst vor dem Fremden zu nehmen. Dieser Prozess sichert die Bewegungsfreiheit der Menschen und garantiert ihnen ein Mindestmass an Sicherheit. Denn ein Fremder, so hat sich das wohl früh in der Menschheitsgeschichte etabliert, muss nicht immer schlechte Absichten haben, er kann einfach den eigenen Weg kreuzen oder sogar nützlich sein. Der Fremde erscheint nach Simmel denn auch in der gesamten Geschichte der Wirtschaft als Händler. Georg Simmel nennt Juden als klassische Beispiele für Fremde und Händler.[3]

In einer Gesellschaft ohne Staaten in ihrer heutigen Form, ohne Polizei und Gewaltmonopol, in einer Welt auch, in der die Menschen häufig weit auseinander lebten und nur selten auf Fremde trafen, war die Kommunikation zwischen zwei Personen überlebensnotwendig, wenn sie sich begegneten, weil ansonsten jedes Zusammentreffen mit einem Kampf geendet hätte. Es erstaunt daher nicht, dass Gastfreundschaft so universal ist, und es erstaunt auch nicht, dass sie etwa in den monotheistischen Religionen eine so grosse Rolle spielte. Das tat sie aber auch, weil sie nicht etabliert und gesichert war, sondern prekär und deshalb immer wieder angemahnt werden musste.

Die Regeln der Gastfreundschaft sind vielfältig, in einigen Punkten gibt es aber grosse Übereinstimmungen: Der Gast erhält alles, was der Gastgeber bieten kann, an Nahrung und Bequemlichkeit, an Schutz und Unterstützung. Umgekehrt tut er nichts, was dem Gastgeber schaden könnte. Er verhält sich so, wie es von einem Gast erwartet wird, fordert nicht selber Dinge ein und ist darum besorgt, dass der Ruf des Gastgebers nicht beschädigt wird. Die Redensart «Fühlen Sie sich wie zuhause!», die oft zu hören ist, zeugt von grosser Naivität, denn würde ein Gast sich tatsächlich so verhalten, würde er nicht nur auf absolutes Unverständnis stossen, sondern wäre auch kein Gast mehr. Die Normen und Spielregeln des Alltags werden wegen des Gastes nicht verändert, dürfen von ihm auch nicht in Frage gestellt werden. Beide Seiten müssen deshalb ähnliche Erwartungen und Vorstellungen haben, was ihre Rolle betrifft, sonst endet das Zusammentreffen nicht gut.

Noch etwas ist praktisch überall anzutreffen: Der Status des Gastes ist ein vorübergehender. Wie lange der Aufenthalt als Gast akzeptiert wird, regeln die

---

2   Friedrich NIETZSCHE, *Morgenröte*. Gedanken über die moralischen Vorurteile. Viertes Buch. 319. Gastfreundschaft, Chemnitz 1881, zit. nach Berliner Ausgabe ³2014, 160, auch online unter: http://www.zeno.org/nid/20009247246) (10.6.2017).

3   Georg SIMMEL, *Soziologie*. Untersuchungen über die Formen der Vergesellschaftung, Berlin 1908, Kapitel IX: Der Raum und die räumlichen Ordnungen der Gesellschaft, Exkurs über den Fremden, 509–512, online unter: http://socio.ch/sim/soziologie/soz_9_ex3.htm (12.6.2017).

jeweiligen Sitten. Verstösst man gegen sie, wird einem sehr deutlich bedeutet, dass der Gast auch die Pflicht hat zu gehen. Verschiedene Sprichwörter besagen, dass der Gast einem Fisch gleicht, der nach drei Tagen stinkt. «Drei Tage Gast ist eine Last», ist an vielen Orten zu hören.[4] Und ein Abt macht einen drastischen Vergleich: «der mist und die gest seien im feld am besten. d. h. beim ausfahren, abreisen».[5] Den Status des Gastes kann man nicht aufrechterhalten, er steht für eine Übergangs-, eine Schwellensituation. Das zeigen problematische Begriffe wie der des «Gastarbeiters», die andeuten, dass diese Menschen zwar hier sind, um zu arbeiten, dass ihr Aufenthalt aber nicht als ein dauernder angesehen wird und dass sie deshalb auch nicht in diese Gesellschaft integriert werden müssen, sondern dass sie doch bitte wieder zu gehen haben.

Nun taucht der Begriff seit einiger Zeit auch im Umfeld der Migrations- und der Fluchtbewegungen auf, man beruft sich auf die Gastfreundschaft als Prinzip der Politik. Auf einer metaphorischen Ebene ist das sicherlich sinnvoll, die Frage ist allerdings, was Gastfreundschaft in diesem Kontext heisst – heissen kann. Denn die Regeln der Gastfreundschaft sind in modernen Gesellschaften vollkommen umgekrempelt worden. Niemand mehr empfängt Fremde an der Tür und bietet ihnen Unterkunft und Nahrung an, dafür hat sich ein ganzes Gewerbe etabliert, das entsprechende Dienstleistungen offeriert. Ausnahmen erleben wir primär bei Katastrophen, wo alte Formen der Gastfreundschaft sofort wiederaufleben, aber nur so lange, bis die staatlichen und institutionellen Strukturen greifen. Der Gast untersteht nicht mehr dem individuellen Schutz des Gastgebers, sondern dem institutionellen des Staates, der das Gewaltmonopol sichert oder zu sichern versucht, der Rechtssicherheit bietet, und zudem der Macht des Marktes, der eine breite Palette von Angeboten offeriert. So erhalten Asylsuchende Unterkunft, Verpflegung, medizinische Versorgung, Sozialleistungen und zusätzliche Angebote von Hilfsorganisationen. Kann man diese aufrechnen gegen die Gastfreundschaft in Ländern, die institutionell wenig zu bieten haben, die aber die Menschen offen empfangen? Kann und soll man gewichten, welche Formen die sinnvolleren sind?

Insgesamt stellen wir eine Entwicklung weg von der individuellen hin zur institutionellen Lösung, weg vom ungeschriebenen traditionellen hin zum fixier-

---

4 Zahlreiche Belege finden sich bei Karl Friedrich Wilhelm Wander (Hg.), *Deutsches Sprichwörter-Lexikon*, Bd. 3, Leipzig 1873, online unter: http://www.zeno.org/Wander-1867/A/Gast (15.6.2017).

5 Deutsches Wörterbuch von Jacob und Wilhelm Grimm (1854–1961), zit. nach Heidrun Friese, *Grenzen der Gastfreundschaft*. Die Bootflüchtlinge von Lampedusa und die europäische Frage, Bielefeld 2014, 22.

ten schriftlichen Recht fest. Was die unterschiedlichen Rechte von Einheimischen und Fremden betrifft, so kann man drei grosse Gruppen unterscheiden: Die politischen Rechte gehören den Staatsbürgerinnen und -bürgern, denjenigen, die den entsprechenden Pass besitzen. Das Prinzip der modernen Nationalstaaten hat hier zu deutlichen Grenzziehungen geführt. Die sozialen Rechte, etwa das Recht auf Kranken-, Arbeitslosen- und Unfallversicherung, auf Rente und Sozialhilfe, ergeben sich hingegen meist durch den Aufenthaltsstatus. Wer in einem Land einen akzeptierten, das heisst vom Gesetz vorgesehenen Aufenthaltsstatus vorweist, hat auch das Recht auf diese Absicherungen. Und schliesslich gibt es auf einer dritten Ebene die Rechte, die allen Menschen zustehen, die grundlegenden Menschenrechte, zu denen mit der Genfer Konvention und anderen internationalen Bestimmungen unter bestimmten Umständen auch das Recht auf Asyl gehört. Man mag diese Aufteilung kritisieren und beklagen. Und in der Tat ist sie in der heutigen globalen Gesellschaft in manchen Bereichen dysfunktional, müsste also neu gedacht werden. Das ist auch der Punkt, an dem die Rede von der Gastfreundschaft ansetzt. Aber es geht vielleicht weniger um die immer flüchtige Rolle eines Gastes als vielmehr darum, wie Rechte und Pflichten, Ein- und Ausschlüsse in einer zunehmend mobilen Welt zu verteilen sind.

Wir leben in einer Zeit, in der die Ökonomisierung in ihrer globalen Variante immer deutlicher katastrophale Folgen für die Gesellschaft wie auch für die Umwelt sichtbar macht. Um sich von diesen Problemen abzuschotten, wird die Macht der Gesetze primär dazu verwendet, mentale oder physische Mauern hochzuziehen. Dass in einer solchen Zeit Elemente traditioneller Verhaltensweisen Abhilfe schaffen sollen, ist zwar verständlich und überaus nachvollziehbar. Die Frage ist allerdings, ob wir diese Entwicklungen mit einer Berufung auf ungeschriebene Gesetze und Traditionen beeinflussen möchten oder nicht vielmehr mit einer Stärkung der Rechte möglichst vieler Menschen, die sich nicht auf Religion und Tradition, sondern auf Vernunft und Menschenrechte beruft.

Die Ökonomisierung einerseits und die Verstaatlichung und Legalisierung andererseits haben ihre Schattenseiten, aber sie haben wesentlich dazu beigetragen, dass in den Ländern, die diese Linie verfolgten, heute grösserer Wohlstand und grössere Rechtssicherheit herrscht als je zuvor. Es geht bei dieser Entwicklung nicht primär um die Haltung von einzelnen Menschen anderen Menschen gegenüber, sondern um systemische Prozesse. Selbstverständlich ist kritisch anzumerken, dass manche Gesetze nicht eingehalten, andere zuungunsten von Asylsuchenden verschärft werden, wie auch, dass viele der geltenden Grundprinzipien zu diskutieren wären, weil sie mit den heutigen Gegebenheiten nicht mehr viel zu tun haben. So wäre beispielsweise darüber nachzudenken, ob es noch Sinn macht, das Recht auf Asyl primär an eine persönliche Verfolgung zu binden, da es in heutigen Konflikten vielfach unmöglich ist zu beweisen, dass man individuell bedroht ist. Oder darüber, ob Verfolgung aufgrund des Geschlechts oder der sexuellen Orientierung nicht stärker berücksichtigt werden müsste.

Die westliche Welt hat auf sich verändernde Situationen in der Regel mit zunehmender Verrechtlichung und damit mit einer Enttraditionalisierung reagiert. Sie hat als Folge der Katastrophe des Zweiten Weltkriegs die UNO-Flüchtlingskonvention und Asylgesetze geschaffen. Wir sehen heute aber zunehmend, dass diese Regelungen in Frage gestellt werden, weil die Gründe für Flucht und Migration ebenso wie deren Dimensionen ganz andere geworden sind. Darauf gilt es zu reagieren.

Haben wir uns vielleicht zu sehr darauf verlassen, dass unsere Institutionen alle diese Fragen des Zusammenlebens regeln, dass wir uns als Individuen zurücklehnen können? Auf jeden Fall sind vielfach die Neugier und die Offenheit gegenüber anderen verloren gegangen, die Fähigkeit, den Gast als Chance zu sehen, neue Erfahrungen zu machen, voneinander zu lernen und sich auszutauschen. Eine Umfrage unter Asylsuchenden ergab, dass ihr dringendster Wunsch ist, mehr Kontakte zu Einheimischen zu haben. Sie finden es unglaublich schwer, diese kennenzulernen und mit ihnen eine Beziehung aufzubauen.[6] Hier erkennen wir, dass die Angst vor dem Fremden noch immer eine zentrale Rolle spielt. Wir gehen nicht auf fremde Menschen zu, uns fehlt eine selbstverständliche Regelung wie die der Gastfreundschaft, die es ermöglicht, die Angst vor dem Fremden zu überwinden. Daher erleben wir zum Beispiel an Orten, wo Asylunterkünfte entstehen sollen, seit Jahren immer das gleiche Szenario: Die Ankündigung der Einrichtung löst in der betroffenen Gemeinde Empörung und Protest aus, es kommt zu tumultartigen Versammlungen mit Vorwürfen und Ängsten, die jedes Lehrbuch über Fremdenangst füllen könnten. Nach einigen Jahren erleben wir erneut Proteste, diesmal, weil eine Unterkunft geschlossen wird oder weil Familien das Dorf verlassen müssen oder abgeschoben werden. Man hat sich kennengelernt und die Angst verloren.

Eine Haltung der Offenheit und der Neugier würde den Flüchtlingen auch die Möglichkeit geben, bisweilen in die Rolle der Gastgeber zu schlüpfen, die Einheimischen einzuladen, zu bewirten und zu unterhalten. Solche Begegnungen haben, davon bin ich überzeugt, einen grossen Einfluss auf die Art und Weise, wie die politischen Prozesse ablaufen. Denn mit diesen alltäglichen Erfahrungen

---

6 CARITAS AARGAU, *«Flüchtlinge möchten mehr Kontakt mit Einheimischen»*, Regionaljournal Aargau Solothurn vom 9.2.2017, online unter: http://www.srf.ch/news/regional/aargau-solothurn/fluechtlinge-moechten-mehr-kontakt-mit-einheimischen (19.12.2017).

beginnt der Prozess, der zivilgesellschaftliche und staatsbürgerliche Positionen erzeugt. In diesem Sinne bleibt Gastfreundschaft ein wichtiges Element auch ökonomisierter und legalisierter Gesellschaften.

Die Reiseerfahrung im Oman zeigte uns ein traditionelles Land, dessen freundliche Gelassenheit aber auch der Tatsache zu verdanken ist, dass es in den letzten Jahrzehnten den Weg der sorgsamen Modernisierung gegangen ist, der Förderung von Bildung, Gesundheit, Infrastruktur, wie auch den Weg der schrittweisen Demokratisierung. Ein schwieriger Weg, der nur zu häufig in Katastrophen endet, wie viele Nachbarländer zeigen. Sein Erfolg hängt wesentlich davon ab, wie sehr sich die Menschen auf diesem Weg geschützt fühlen durch moderne Formen, die das Zusammenleben regeln, wie Menschenrechte, Mitbestimmung und wirtschaftliche Teilhabe. Aber auch davon, wie sie weiterhin einen Alltag leben können, in dem die Regeln der Offenheit und der Gastfreundschaft gültig bleiben. Vielleicht gelingt es Gesellschaften wie der omanischen, diese Verbindung besser zu pflegen, als dies in der westlichen Welt der Fall ist.

Philosophie und Religion

Gastfreundschaft im Christentum und im Islam
Zwei Religionen mit «Migrationshintergrund» in ihrem Umgang mit Fremdheit

Samuel M. Behloul

1. Migration – eine umstrittene Konstante des Menschseins

Im Frühling 2017 sorgte eine Meldung für grosses Aufsehen, zumindest im Bereich der Paläontologie. Auf der Grundlage von zwei Fossilienfunden in Bulgarien und in Griechenland hat ein Forscherteam der Uni Tübingen eine völlig neue These über die Ursprünge der Menschheit vorgestellt. Die Abstammungslinien von Menschen und Menschenaffen, so die neue These, teilten sich womöglich einige hunderttausend Jahre früher als bisher angenommen, und zwar in Europa, auf dem Balkan. Die These vom Balkan als Ursprungsraum der Menschheit stellt die klassische Lehre der Anthropologie, die uns allen noch aus der Schulzeit vertraut ist, nämlich die Urheimat der Menschen liege in Afrika, auf den Kopf und ist unter Experten entsprechend auch hoch umstritten. Welche der zwei Thesen nun mehr wissenschaftliche Plausibilität besitzt und ob in Zukunft auf der Basis eventuell neuer archäologischer Funde noch weitere diametral entgegengesetzte Thesen zum Ursprungsraum der Menschheit aufgestellt werden, ist sicherlich offen. Und vielleicht wird diese Kernfrage der Paläontologie auch nie abschliessend geklärt werden können. Aus der heutigen Perspektive betrachtet lässt sich aber eines mit Sicherheit sagen: Wo auch immer man die Ursprünge des *homo sapiens* vermutet, ohne weitreichende Migrationsbewegungen wäre es weder zur Besiedlung des gesamten Globus gekommen noch wären das Fortbestehen und die beständige Entwicklung der Menschheit ohne Migration möglich gewesen. Die Menschheit mit allem, was sie an ihren Überlebens- und Anpassungsstrategien, religiös-kulturellen Eigenheiten und wissenschaftlich-technischen Errungenschaften auszeichnet, ist erst durch Migration zu dem geworden, was sie heute ist.

Migration, diese anthropologische Grundkonstante, beherrscht aktuell die Nachrichtenlage und die gesellschaftspolitischen Diskurse wie kaum ein anderes Thema. Gleiches gilt auch für den wissenschaftlichen Bereich. An der in den letzten Jahren weltweit sprunghaft angestiegenen Migrationsforschung sind verschiedene Disziplinen wie – um hier nur einige zu nennen – Kultur- und Politik-wissenschaften, Religionswissenschaft, Soziologie, Rechtswissenschaften und Ökonomie beteiligt.[1] Dabei geht es aber um weit mehr als bloss die tagespoliti-sche Aktualität.

Das Thema Migration hat sich inzwischen zu einem Diskursfeld verdichtet, auf dem ein Kampf um Definitionsmacht und Deutungshoheit ausgetragen wird und in dessen Verlauf sich eine ideologische Spaltung innerhalb westlicher Ein-wanderungsgesellschaften ausmachen lässt. Sie verläuft aktuell entlang zentraler Leitnarrative wie *Kultur, Nation, (christliches) Abendland und europäische Werte-gemeinschaft*. Die Spaltung besteht – grob betrachtet – darin, dass für die einen die genannten Narrative in Zeiten postnationaler Komplexität von Gesellschaften und in Anbetracht von Globalisierungsdynamiken reine Anachronismen darstel-len, für die anderen es gerade eine neue Rückbesinnung auf solche Narrative braucht, um die gesellschaftliche Mitte angesichts zunehmender Unübersichtlich-keiten und der Verunsicherung oder gar des Bedrohungsgefühls wiederzufinden. Ordnet man den Migrationsdiskurs grob entlang dieser diametral entgegengesetz-ten Positionen ein, fällt auf, dass beiden Positionen ein moralischer Rigorismus eigen ist. Auf der einen Seite wird infolge des Gefühls der Verunsicherung, der Bedrohung und der Verlusterfahrung eine bedingungslose Fortsetzung bzw. Reak-tivierung alter Strukturen gefordert. Die Antwort auf Migration und gesellschaft-liche Veränderungsprozesse ist hier ein Verteidigungsreflex. Auf der anderen Seite wird universalistisch argumentiert: Migration gehöre zum Menschsein, und jeder Ruf nach Verteidigung bzw. Reaktivierung vertrauter Traditionen blende die his-torische Tatsache aus, dass auch das «Alte» sich der Migration verdanke. Die aktu-ellen und anhaltenden Migrationsströme seien Vorboten einer neuen Gesell-schaft und – im Endergebnis – einer neuen Weltordnung. Beiden Diskurssträngen wohnt im Grunde genommen eine negierende Tendenz inne. Die einen leugnen die Realität, die anderen die Komplexität der Realität.

1.1 Die Bibel – ein Buch über Migration und Migranten

Im Zusammenhang mit den ethischen Herausforderungen und der inhaltlichen Vielfalt von Fragestellungen, die der aktuelle Migrationsdiskurs aufwirft, wird regelmässig auch auf die Bibel Bezug genommen. Zitate aus dem Alten und

---

1 Vgl. Davoud GHARAGOZLOU, *Quellen zur Migrationsforschung (Sources of Migration Research)*. Eine selektiert-komparative Bibliographie in drei Sprachen über USA, Deutschland, Frankreich und England. Zusammengestellt und versehen mit einer kurzen Darstellung der amerikanischen Migrationsgeschichte, Münster 2004.

Neuen Testament dienen zunächst der Exemplifizierung der Tatsache, dass Migrationsbewegungen eine anthropologische Konstante darstellen, eine Unumgänglichkeit in den zwischenmenschlichen Beziehungen und einen treibenden Motor der Religionsgeschichte selbst. Der thematische Zusammenhang von Migration, Fremde und Umgang mit Fremdheit stellt in der Tat das tragende Narrativ der alt- und neutestamentlichen Erzählungen dar. In der symbolischen Darstellung der Entstehung der Welt und der ersten Menschen im Buch Genesis lässt sich beispielsweise die Vertreibung aus dem Paradies als der eigentliche Beginn der Menschheitsgeschichte als Migrationsgeschichte lesen. Aus der Rückschau der auf den Rausschmiss aus der Behaglichkeit des Garten Edens folgenden Ereignisse waren die Menschen nämlich zu einem Neuanfang gezwungen. Ihr soziokulturelles Profil war praktisch deckungsgleich mit dem der Flüchtlinge, die sich nach der Vertreibung und Flucht in neuer, unbekannter Umgebung zurechtfinden, die eigene Existenz von Grund auf neu aufbauen und sie immer wieder ihrer Umwelt (Natur und Menschen) abringen sowie neue Strategien im Umgang mit der eigenen und fremden Identität entwickeln müssen. Dass dies zu einem Dauerzustand der menschlichen Existenz werden sollte, kommt in den Abschiedsworten, die Gott an Adam nach dem Sündenfall richtet, in expliziter Form zum Ausdruck:

«So ist verflucht der Ackerboden deinetwegen. Unter Mühsal wirst du von ihm essen alle Tage deines Lebens» (Gen 3,17).

Eine erste Exemplifizierung der dauerhaften Komplexität und der Brüchigkeit zwischenmenschlicher Beziehungen und der Entfremdung der Menschen untereinander sowie gegenüber Gott gibt die Bibel nur wenige Abschnitte nach der Schilderung der Vertreibung aus dem Paradies. Erneut ist es eine Vertreibungs- und Fluchtgeschichte. Nach dem Mord an seinem Bruder Abel wird Kain von seinem Ackerland vertrieben. Er wird sozusagen zum Dauerfremdling auf der Erde:

«Kain antwortete dem Herrn: Zu gross ist meine Schuld, als dass ich sie tragen könnte. Du hast mich heute vom Ackerland verjagt, und ich muss mich vor deinem Angesicht verbergen; rastlos und ruhelos werde ich auf der Erde sein, und wer mich findet, wird mich erschlagen» (Gen 4,13–14).

Die Bezugnahme auf biblische Migrationsnarrative im Kontext aktueller Migrationsdebatten hat aber auch eine sozialethische Stossrichtung. Am Beispiel ausgewählter Erzählungen aus dem Alten und dem Neuen Testament werden beispielsweise hinsichtlich des Umgangs mit Migranten und vor allem Flüchtlingen mehr Nächstenliebe, Hilfsbereitschaft und Willkommenskultur gefordert. Der häufigs-

ten Zitierung erfreut sich in diesem Zusammenhang zweifelsohne Mt 25,35–36
mit den Worten Jesu:

> «Denn ich war hungrig, und ihr habt mir zu essen gegeben; ich war durstig,
> und ihr habt mir zu trinken gegeben; ich war fremd und obdachlos, und ihr
> habt mich aufgenommen; ich war nackt, und ihr habt mir Kleidung gegeben;
> ich war krank, und ihr habt mich besucht; ich war im Gefängnis, und ihr seid
> zu mir gekommen.»

1.2 Die Bibel – auch ein Buch für Migration und für Migranten

Das Thema Migration, Fremde und der Umgang mit Fremdheit wird in der Tat
vielfach sowohl im Alten als auch im Neuen Testament aufgegriffen. In Anbetracht der Fülle von Einzelerzählungen, die um diese Thematik kreisen, ist es
keine Fehleinschätzung, die Bibel als ein Buch über Migration und Migranten zu
bezeichnen. Es ist daher kein Zufall, dass das biblische Schrifttum voll von Bildern und Erzählungen ist, in denen auch das Phänomen der Gastfreundschaft
und des Umgangs mit dem Fremden generell in spezifischer Weise theologisch
reflektiert wird. Dabei geht es selbstredend um mehr als bloss um eine histo-
risch-deskriptive Beschreibung von menschlichen Wanderungsbewegungen und
Ansiedlungsprozessen. Und vor allem geht es um mehr als um moralische und
sozialethische Aspekte des gastfreundlichen Umgangs mit Fremden und Migranten. Die Bibel bezieht diese Thematik in eine spezifisch theologisch-anthropologische und heilsgeschichtliche Reflexion ein, die die zentralen Aspekte der biblischen Schöpfungstheologie betreffen. Über den thematischen Komplex von
Migration, Fremdheit und Gastfreundschaft im biblischen Kontext zu reden
berührt nämlich wesensmässig das Selbstverständnis des biblischen Glaubens, sein
Gottes- und Menschenverständnis. Der biblische Gott begegnet den Menschen
als Fremder und in Fremden. Und im Verhältnis zu Gott, seinem Schöpfer und
Ermöglichungsgrund allen Lebens ist der Mensch – unabhängig von seinem Sozi-
alstatus und seiner ethno- oder stammesspezifischen Zugehörigkeit – ein Fremdling und Gast auf dieser Erde. Die Fremdlingsmetapher ist also die zentrale Selbst-
beschreibungskategorie für Christen im Neuen Testament. Als Bezeichnung eines
Grundzustandes der eigenen Existenz vor Gott und in der Welt samt ihren Konsequenzen für den Umgang mit den Fremden im eigenen Lebensraum greift sie
damit auf alttestamentliche und jüdische Traditionen zurück. Entsprechend geht
es im folgenden Abschnitt zunächst darum, die Fremdlingsmetapher im alttestamentlichen Kontext zu thematisieren. Im zweiten Abschnitt werden die zentralen
Elemente der theologischen Reflexion über Fremdheit und Gastfreundschaft im

neutestamentlichen Kontext beleuchtet. Die Bezugnahme auf die alttestamentliche Erzählung von Abraham als vorbildlichem Gastgeber fand auch in die theologische Reflexion des Korans über Gastfreundschaft Eingang, wo sie ebenso zur Matrix der zwischenmenschlichen und der Gott-Mensch-Beziehung wurde. Im dritten Abschnitt werden daher die wesentlichen Elemente der heilsgeschichtlichen Einbettung der Gastfreundschaft im Islam dargestellt und mit denen aus der Bibel verglichen.

2. Die Fremdlingsmetapher als heilsgeschichtliche Selbstzuschreibung im Alten Testament

Die Voraussetzung für eine theologische Reflexion über den Zusammenhang von Migration und Gastfreundschaft im Kontext der Bibel ist die Erinnerung an eine der zentralen Metaphern der biblischen Deutung des Gott-Mensch-Verhältnisses: die Fremdlingschaft als Selbstzuschreibung und Konstituens der eigenen Identität. Die Reflexion über die Gastfreundschaft und den Umgang mit den Fremden wird hier nämlich zunächst eingebettet in die heilsgeschichtliche Erinnerung an das eigene Fremd- und Gastsein in dieser Welt.

Migration, Fremdheit und Gastfreundschaft als heilsgeschichtliche Kategorien markieren in der Gestalt des Erzvaters Abraham und seiner Migrationsgeschichte den eigentlichen Beginn der alttestamentlichen Heilsgeschichte. Abraham wird von Gott persönlich zu einer Migration aufgefordert, die keine Rückkehr vorsieht und Abraham aus dem vertrauten Beziehungsgeflecht löst:

«Zieh weg aus deinem Land, von deiner Verwandtschaft und aus deinem Vaterhaus in das Land, das ich dir zeigen werde» (Gen 12,1).

Indem Abraham Gott gehorcht, werden er und seine Nachkommenschaft zu Fremden in dem ihnen von Gott verheissenen Land Kanaan:

«Dir und deinen Nachkommen gebe ich ganz Kanaan, das Land, in dem du als Fremder weilst» (Gen 17,8).

Die Fremdlings- und Gastmetapher stellen hinsichtlich ihrer kontinuierlichen Präsenz in verschiedenen alttestamentlichen Schriften und mit Blick auf ihren heilsgeschichtlichen Aussagewert die zentralen identitätsstiftenden Narrative der Israeliten dar. Beide Metaphern werden sowohl auf Einzelpersonen aus dem Volk Israel als auch auf das ganze Volk bezogen:

«Hör mein Gebet, Herr, vernimm mein Schreien, schweig nicht zu meinen Tränen! Denn ich bin nur ein Gast bei dir, ein Fremdling wie all meine Väter» (Ps 39,13).[2]

Ihre historische Basis haben beide Metaphern gemäss dem alttestamentlichen Zeugnis in dem Ereignis, an das die Israeliten immer wieder erinnert werden, die Befreiung aus der Sklaverei in Ägypten:

«Mein Vater war ein heimatloser Aramäer. Er zog nach Ägypten, lebte dort als Fremder mit wenigen Leuten und wurde dort zu einem grossen, mächtigen und zahlreichen Volk. Die Ägypter behandelten uns schlecht, machten uns rechtlos und legten uns harte Fronarbeit auf. Wir schrien zum Herrn, dem Gott unserer Väter, und der Herr hörte unser Schreien und sah unsere Rechtlosigkeit, unsere Arbeitslast und unsere Bedrängnis. Der Herr führte uns mit starker Hand und hoch erhobenem Arm, unter grossem Schrecken unter Zeichen und Wundern aus Ägypten» (Dtn 26,5–8).

Gottes befreiendes Eingreifen in das Sklaven- und Fremddasein Israels und seine Herausführung aus Ägypten markieren den eigentlichen Anfang der Existenz Israels. Und die Erinnerung daran wird in der Endkonsequenz zum Fundament der Regelung der Mensch-Gott- und Mensch-Mensch-Beziehung. Ihren wohl prägnantesten Ausdruck findet sie in den Zehn Geboten. So heisst es dort etwa:

«Ich bin Jahwe, dein Gott, der dich aus Ägypten geführt hat, aus dem Sklavenhaus. Du sollst neben mir keine anderen Götter haben [...] Gedenke des Sabbats: Halte ihn heilig! [...] Ehre deinen Vater und deine Mutter, damit du lange lebst in dem Land, das der Herr, dein Gott, dir gibt. Du sollst nicht morden. Du sollst nicht die Ehe brechen. Du sollst nicht stehlen. Du sollst nicht falsch gegen deinen Nächsten aussagen [...]» (Ex 20,2–17).

Die Erinnerung an die eigene Sklaven- und Fremdlingsvergangenheit in Ägypten wird für Israel aber auch zu einer Dauerermahnung hinsichtlich des eigenen Umgangs mit den Fremden:

«Einen Fremden sollst du nicht ausnützen oder ausbeuten, denn ihr selbst seid in Ägypten Fremde gewesen» (Ex 22,20).

---

2   Vgl. dazu auch Ps 105,12 und 1 Chr 29,15.

Im Gegenteil:

> «Der Fremde, der sich bei euch aufhält, soll euch wie ein Einheimischer gelten, und du sollst ihn lieben wie dich selbst; denn ihr seid selbst Fremde in Ägypten gewesen» (Lev 19,34).

Die Erinnerung an die eigene Fremdlingsvergangenheit wurde für Israel erneut akut im Kontext des babylonischen Exils. Das Exil wurde zum Anlass, sich mit der Frage der Fremdheit als existenzielle und heilsgeschichtliche Selbstbeschreibung unter neuen soziopolitischen Bedingungen auseinanderzusetzen. Der Gefahr des Verlustes der eigenen religiösen Identität als Volk Gottes begegneten die Israeliten durch einen neuen Rückgriff auf das vertraute Fremdlingsnarrativ. Diesmal identifizierte man sich mit der Fremdlingsexistenz der Erzväter Abraham, Jakob und Isaak. Ihre existenzielle Fremdlingschaft wird zum Paradigma eines restlosen Gottvertrauens und existenzieller Abhängigkeit von Gott. Damit gewinnt man nicht nur die durch die Zerstörung des zweiten Tempels bedrohte Identität zurück. Der Einzelne und das Volk als Ganzes dürfen auf Gottes befreiendes Eingreifen hoffen. In der Zeit nach dem babylonischen Exil wird die tradierte Fremdlingsmetapher zum theologisch-anthropologischen Kernmerkmal Israels. Fremdsein bedeutet fortan nicht mehr nur die den politischen Ereignissen und soziokulturellen Umwälzungsprozessen geschuldete geografische, religiöse und kultische Fremde. Fremdsein ist jetzt die anthropologische Bestimmung jedes Einzelnen, und zwar im Sinne seiner Begrenztheit, seiner Vergänglichkeit und seiner Abhängigkeit von Gott. Die Grundbefindlichkeit der Menschen vor Gott als Fremde, die in der Rastlosigkeit und Brüchigkeit ihrer irdischen Existenz auf die Leitung Gottes schlechthin angewiesen sind und ihre bleibende Heimat in Gott haben, kommt im Gebet des Ps 119 sehr plastisch zum Ausdruck:

> «Ich bin nur Gast auf Erden. Verbirg mir nicht deine Gebote» (V. 19).

> «Zum Lobgesang wurden mir deine Gesetze im Haus meiner Pilgerschaft» (V. 54).

Ebenso auch in Ps 39,13:

> «Hör mein Gebet, Herr, vernimm mein Schreien, schweig nicht zu meinen Tränen! Denn ich bin nur ein Gast bei dir, ein Fremdling wie alle meine Väter» (Ps 39,13).

3. Das Wagnis der Gastfreundschaft

Mit der theologisch-anthropologischen Bestimmung des Menschen als Fremdling und Gast ist selbstredend auch die biblische Konzeption der Gastfreundschaft systemisch verbunden. Wie gleich zu zeigen sein wird, lässt sie sich im Kontext der biblischen Anthropologie und Theologie nicht bloss auf eine ethische Kategorie oder einen blossen Akt der freiwilligen Barmherzigkeit reduzieren. Gerhard Begrich charakterisiert die biblische Gastfreundschaft in Rückgriff auf Abrahams Erzählung in Gen 18,1–33 als «die gewagteste Theologie des Alten Testamentes»[3]. Mitten am Tag, so die Erzählung, kommen drei fremde Männer zu Abraham und zu seiner Frau Sara nach Mamre. Ohne sie zu kennen und ohne zu wissen, was sie wollen, lädt Abraham sie ein:

> «Man wird etwas Wasser holen; dann könnt ihr euch die Füsse waschen und euch unter dem Baum ausruhen. Ich will einen Bissen Brot holen und ihr könnt dann nach einer kleinen Stärkung weitergehen» (Gen 18,4–5).

Für den Zusammenhang der alttestamentlichen Verbindung von Fremde und Gastfreundschaft sind hier zwei Aspekte von Bedeutung. Es ist zunächst die Unmittelbarkeit des Geschehens mit allen seinen typisch menschlichen Zügen. Abraham erwartet keinen Besuch. Die drei Fremden erscheinen vor seinem Zelt, weder waren sie angemeldet noch wurden sie eingeladen. Auch die Reaktion Abrahams ist spontan und unmittelbar. Er lädt die fremden und unerwarteten Gäste zum Essen ein, ohne dass diese darum gebeten hätten. Schliesslich bleiben auch die Motive für Abrahams Gastfreundschaft unerwähnt. Ob er aus berechnender Angst vor den Fremden gehandelt hat – immerhin waren es drei Männer – oder ob es die oben erwähnte Erinnerung an die Erfahrung des eigenen Fremdseins war, die ihn zu seiner Handlung motiviert haben, erfahren wir nicht. Die Erzählung endet mit dem Satz:

> «Nachdem der Herr das Gespräch mit Abraham beendet hatte, ging er weg, und Abraham kehrte heim» (Gen 18,33).

Hier kommt der zweite zentrale Aspekt der Geschichte zum Ausdruck. Ohne die eigentlichen Beweggründe für Abrahams grosszügige Gastfreundschaft gegenüber den Fremden zu kennen, erfährt man am Ende der Erzählung, dass Abraham hier

---

3 Gerhard BEGRICH, *Die Freundlichkeit Gottes als Grundform theologischen Redens* – Ein Nachdenken über Gen 18,1–16a, in: Evangelische Theologie 49 (1989) 213–231, 230.

offenbar die unmittelbare Gotteserfahrung gemacht hat. Gott offenbart sich Abraham als Fremder und in den Fremden als einer, der auf Gastfreundschaft angewiesen ist. Gott begegnet den Menschen als Mensch unter Menschen in der Alltäglichkeit ihres Lebens. Seine Gotteserfahrung macht Abraham weder an einem kultischen Ort, noch durch eine kultische Handlung während einer dazu streng bestimmten Zeit. Er erlebt sie mitten am Tag, vor dem eigenen Zelt in der Hitze der Wüste.

In der theologischen Zuspitzung von Gott als Fremdem, der existenziell auf Gastfreundschaft angewiesen ist, offenbart sich der universale Charakter der biblischen Offenbarung Gottes. Die Fremdlingschaft und Weltgastlichkeit Gottes sprengen alle Partikularinteressen. Gott hört auf, eine Stammes- oder Nationalgottheit zu sein.

4. Neues Testament: Jesus als Fremdling und Dauergast par excellence

Die heilsgeschichtliche Einbettung der alttestamentlichen Gastfreundschaft in den theologisch-anthropologischen Grundstatus der Wanderschaft und Fremdlingschaft Gottes und des Menschen wird von der neutestamentlichen Schrifttradition fortgeführt. In der inkarnatorischen Zuwendung Gottes zu seiner Schöpfung erfährt sie nicht nur eine theologische Vertiefung, sondern auch eine neuartige Zuspitzung. Diese besteht darin, dass Gott in Jesus Christus selbst Mensch, Fremder und Gast wird. Das Profil des rastlosen Fremdlings und des Gastes, mit dem Gott im Kontext der alttestamentlichen Abrahamserzählung erscheint, nimmt das Johannesevangelium in der wohl pointiertesten Form wieder auf:

«Und das Wort ist Fleisch geworden und hat unter uns gewohnt» (Joh 1,14).

Das Verb *eskenosen* im griechischen Originaltext (in der Einheitsübersetzung mit «hat unter uns gewohnt» wiedergegeben) heisst wörtlich übersetzt *hat unter uns Zelt aufgeschlagen*.

Die Erzählungen in den Evangelien über Jesu Leben und Wirken porträtieren in der Tat einen Menschen auf Durchreise, einen heimatlosen Fremdling par excellence. Jesus scheut sich nicht davor, die sozialen und religiös-kulturellen Konventionen und Selbstverständlichkeiten zu brechen, was ihn zum Fremden sowohl innerhalb der eigenen Gesellschaft als auch in der eigenen Familie und Verwandtschaft macht. Als besitz- und erwerbsloser Wanderprediger, wie er in den Evangelien erscheint, ist er auf die gastfreundliche und helfende Aufnahme angewiesen. Mit seiner Botschaft vom universalen Reich Gottes, das alle ethnischen, stammeskulturellen, schichtspezifischen und kultischen Partikularismen aufhebt, geht er gezielt auf Menschen zu, um Fremdheit zu überwinden und Nähe zu schaffen. Jesu chronische Angewiesenheit auf das Gewähren von Gastfreundschaft bringt der Evangelist Matthäus mit der für das neutestamentliche Schrifttum spezifischen Bildsprache auf den Punkt:

«Die Füchse haben ihre Höhlen und die Vögel ihre Nester; der Menschensohn aber hat keinen Ort, wo er sein Haupt hinlegen kann» (Mt 8,20).

Die Kernmotive der Fremdlingschaft und Weltgastlichkeit durchziehen in der Tat den gesamten Erzählstoff der Evangelien über das Leben und Wirken Jesu. Schon als neugeborenem Kind droht ihm Tod im eigenen Land, so dass die Familie auf Gottes Geheiss in die Fremde, nach Ägypten flieht:

«Steh auf, nimm das Kind und seine Mutter, und flieh nach Ägypten; dort bleibe, bis ich dir etwas anderes auftrage; denn Herodes wird das Kind suchen, um es zu töten. Da stand Josef in der Nacht auf und floh mit dem Kind und dessen Mutter nach Ägypten» (Mt 2,13–14).

Im späteren Verlauf seiner Wirkung als Erwachsener sind es Jesu Gottesbeziehung und sein Auftrag, die ihn aus allen familiären und sozialen Bindungen seines Lebenskontextes lösen. «Wer ist meine Mutter, und wer sind meine Brüder?», erwidert Jesus im Markusevangelium auf die Mitteilung, seine Mutter und seine Brüder fragten nach ihm (Mk 3,33). Und auf die Ablehnung in seiner Heimatstadt reagiert er mit den Worten:

«Nirgends hat ein Prophet so wenig Ansehen wie in seiner Heimat, bei seinen Verwandten und in seiner Familie» (Mk 6,4).

Entsprechend werden auch diejenigen, die seinem Ruf folgen, aus allen familiären und gesellschaftlichen Bindungen herausgelöst und zu den auf Gastfreundschaft angewiesenen Fremden. Am pointiertesten bringt diese sozial radikalen Konsequenzen der Nachfolge Jesu der Evangelist Lukas zum Ausdruck:

«Zu einem anderen sagte er: Folge mir nach! Der erwiderte: Lass mich zuerst heimgehen und meinen Vater begraben. Jesus sagte zu ihm: Lass die Toten ihre Toten begraben; du aber geh und verkünde das Reich Gottes! Wieder ein anderer sagte: Ich will dir nachfolgen, Herr. Zuvor aber lass mich von meiner Familie Abschied nehmen. Jesus erwiderte ihm: Keiner, der die Hand an den

Pflug gelegt hat und nochmals zurückblickt, taugt für das Reich Gottes»
(Lk 9,59–62).[4]

Als jemand, der in seinem Wirken existenziell auf Gastfreundschaft angewiesen
ist, macht Jesus auch alle, die in seine Fussstapfen treten, zu Fremdlingen und
Gästen. In seinen Gleichnissen spielt entsprechend das Motiv der Gastfreundschaft eine zentrale Rolle, wie zum Beispiel im Gleichnis vom Mahl Gottes, zu
dem gezielt Fremde und allerlei bedürftige Menschen zur Tischgemeinschaft eingeladen werden:

> «Geh schnell auf die Strassen und Gassen der Stadt, und hol die Armen und
> die Krüppel, die Blinden und die Lahmen herbei. Bald darauf meldete der
> Diener: Herr, dein Auftrag ist ausgeführt; aber es ist immer noch Platz. Da
> sagte der Herr zu dem Diener: Dann geh auf die Landstrassen und vor die
> Stadt hinaus und nötige die Leute zu kommen, damit mein Haus voll wird»
> (Lk 14, 21–23).

Vergleicht man dieses Gleichnis mit der oben geschilderten Gastfreundschaft
Abrahams, so fällt zunächst auf, dass Gott hier zum Gastgeber wird, während er
bei Abraham als der unerwartet eintreffende Gast erscheint. Trotz dieser jeweils
unterschiedlichen Akzentuierung bleibt die heilsgeschichtliche Stossrichtung in
beiden Erzählungen jedoch die gleiche. Gastfreundschaft im Kontext der bib-
lisch-theologischen Reflexion ist mehr als ein Akt der freiwilligen Barmherzigkeit.
Sie ist auch mehr als soziale Verantwortung. Die biblische Gastfreundschaft wird
zum Medium der Gotteserfahrung und Gottesbegegnung. In der Tradition der
Abrahamserzählung in Gen 18,1–33 heisst es im Hebr 13,2:

> «Vergesst die Gastfreundschaft nicht; denn durch sie haben einige, ohne es zu
> ahnen, Engel beherbergt.»

Wenn, wie bisher ausgeführt, Migration und Fremdheit im biblischen Kontext
nicht nur die anthropologische Grundbestimmung des Menschseins bilden, sondern auch den eigentlichen Kern der Gott-Mensch-Beziehung berühren, so stellt
sich auch im neutestamentlichen Kontext die Frage nach normativen Konsequenzen der Fremdlingschaft und Weltgastlichkeit Christi für die ersten Christen
selbst. Gerade hinsichtlich des Phänomens der Einbettung der Gastfreundschaft
in die Fremdlingsexistenz des Menschen und von Gott macht Rolf Zerfaß auf der

---

4   Vgl. dazu auch Mt 8,21–22.

Basis neutestamentlicher Schriftzeugnisse zunächst auf das existenzielle Angewiesensein der urchristlichen Gemeinschaft auf die Gastfreundschaft aufmerksam:

«Die frühe Kirche ist ja eine ‹Kirche in den Häusern›; ohne die Gastfreundschaft ungezählter einzelner Christen und früher Christengemeinden ist die Ausbreitung des Glaubens in den ersten Jahrhunderten überhaupt nicht zu verstehen.»[5]

Diese aus existenzieller Not und Überlebensstrategie heraus praktizierte Gastfreundschaft entfaltete aber auch grosse Ausstrahlungskraft in der damaligen antiken Umwelt des sich formierenden Christentums. Denn, so Zerfaß weiter:

«Auf der praktizierten Gastfreundschaft, die dazu führt, dass die ersten Stadtgemeinden auch zu den ersten Organisatoren von Hospizen und Volksküchen werden, beruht ein Grossteil der Faszination des Christentums in der antiken Welt.»[6]

Die urchristliche Praxis der Gastfreundschaft lässt sich jedoch nicht bloss auf ein strategisches Mittel zum Zweck der Missionierung oder auf die reine Geste der Barmherzigkeit reduzieren. Durch die Fortführung der heilsgeschichtlichen Grundlinien der alttestamentlichen Gastfreundschaft ist ihre konkrete Umsetzung auch im Neuen Testament in die Selbstzuschreibung der ersten Christen als Fremdlinge und Gäste eingebettet. Mit gezieltem Rückbezug auf die Fremdlingschaft Abrahams und die anderer Erzväter Israels bekennen die Urchristen beispielsweise im Hebräerbrief, «dass sie Fremde und Gäste auf Erden sind» (Hebr 11,13). Daraus ergeben sich selbstredend alltagspraktische Konsequenzen, zunächst für die grundsätzliche Einstellung der Christen zu ihrer sozialen und politischen Umwelt:

«Liebe Brüder, da ihr Fremde und Gäste seid in dieser Welt, ermahne ich euch: Gebt den irdischen Begierden nicht nach [...]» (1 Petr 2,11).

Aufschlussreich ist hier, dass im griechischen Originaltext das Wort *paroikous* steht, woraus sich auch das heutige Wort Pfarrei (wortwörtlich also *Fremdling-*

---

5 Rolf Zerfass, *Gastfreundschaft – Menschen in unser Leben hineinnehmen*, in: Otto Hermann Pesch (Hg.), *Mehr Leben als du ahnst. Vom christlichen Umgang mit Menschen und Dingen*, Mainz 1981, 18.
6 Ebd.

schaft) ableitet. Die Pfarreiangehörigen als *paroikoi* sind also Menschen, die sich in der Welt als Fremde fühlen, da ihre wahre Heimat im Himmel ist. In diesem Grundstatus der Fremdlingschaft und Wanderschaft der Christen, die an die alttestamentliche theologische Reflexion anknüpft und ihre heilsgeschichtliche Zuspitzung in der neutestamentlichen Fremdlingschaft und Weltgastlichkeit Gottes in Jesus Christus erhält, ist schliesslich auch die Universalität des biblischen bzw. des christlichen Glaubens verankert. Der Gott der Bibel ist keine Stammes- oder Nationalgottheit. Wenn alle Menschen Beisassen auf dieser Erde sind und die Erde selbst bloss eine Leihgabe Gottes an Menschen auf Pilgerschaft in das Reich Gottes darstellt, werden irdische Differenzkriterien zwischen «einheimisch» und «fremd» obsolet. Die Praxis der Gastfreundschaft ist dann nicht mehr bloss ein Akt der Barmherzigkeit, sondern eine glaubenslogische Konsequenz, die ihre lebenspraktische Konkretisierung im spezifischen Lebensstil der Christinnen und Christen findet:

> «Gleicht euch nicht dieser Welt an, sondern wandelt euch, und erneuert euer Denken, […] Helft den Heiligen, wenn sie in Not sind; gewährt jederzeit Gastfreundschaft» (Röm 12,2.13).

In ihrer konsequenten Fortführung und finalen Zuspitzung des alttestamentlichen Gottes- und Menschenverständnisses lässt die neutestamentliche (Religions-)Praxis der Gastfreundschaft – denkt man sie konsequent zu Ende – alle Fremdbestimmungen entlang ethnischer, religiöser und nationaler Kriterien als obsolet erscheinen, ja als zutiefst unchristliche Kategorien.

5. Gastfreundschaft im Islam: Medium göttlicher Offenbarung und religiöse Pflicht

Wie in der Bibel wird Gastfreundschaft auch in der schriftlichen Tradition des Islam als eine zentrale Kategorie der zwischenmenschlichen Beziehungen theologisch reflektiert und schliesslich auch religiös institutionalisiert. Als soziokulturelles Phänomen findet sie ihre Fundierung zunächst in der vorislamischen Zeit. Bereits in den altarabischen Kulturen galt es als Pflicht, den Durchreisenden zu beherbergen. Diese Praxis war selbstredend zunächst der Tatsache geschuldet, dass gerade Reisende im besonderen Masse den lebensfeindlichen und klimatisch extremen Bedingungen des Lebens in der Wüste ausgesetzt waren. Reisende standen unter besonderem Schutz der höchsten Gottheit *Illah*, so dass diejenigen, die fremden Reisenden oder auch Verfolgten Schutz gewährten, mit besonderer Nähe

Gottes zu sich selbst rechnen durften. Gastfreundschaft und Schutz als Tugenden gehörten unter solchen Bedingungen eng zu einander.[7]

Durch das Aufkommen des Islams werden die altarabischen Tugenden der Gastfreundschaft und der Grosszügigkeit gegenüber Fremden und Reisenden im Rahmen der sich formierenden muslimischen Gemeinschaft neu interpretiert und institutionalisiert.

Die Entstehung des Islams und seines Schrifttums war von Anfang an sowohl in geografischer als auch in theologisch-inhaltlicher Hinsicht mit dem Judentum und Christentum und mit deren heiliger Schrift, der Bibel, auf das Engste verflochten. Entsprechend finden sich im Koran zahlreiche aus der Bibel bekannte Gestalten und Narrative, die allerdings nicht bloss nacherzählt werden, sondern theologisch neu und zum Teil auch kritisch reflektiert werden. Zusammen mit dem Judentum und dem Christentum gehört der Islam zu den sogenannten abrahamitischen Religionen. Es ist deswegen nicht verwunderlich, dass die biblische Gestalt Abrahams auch im islamischen Schrifttum erscheint, im Koran und in der Hadith-Literatur.[8]

Wie in der Bibel übernimmt Abraham auch im Islam einen Vorbildcharakter als wahrhaft glaubender und allen Glaubensprüfungen widerstehender Mensch. Im Koran wird die Vorbildfunktion Abrahams allerdings dahingehend zugespitzt, dass Abraham aus allen partikularen Religions- und Stammesgrenzen herausgelöst wird. In einer an die Adresse von Juden und Christen gerichteten polemischen Bemerkung heisst es dort nämlich:

> «Ihr Leute der Schrift! Warum streitet ihr über Abraham, wo doch die Thora und das Evangelium erst nach ihm herabgesandt worden sind? [...] Abraham war weder Jude noch Christ. Er war vielmehr ein Gott Ergebener [...]» (Sure 3:65–67).

Im arabischen Originaltext heisst «Gott Ergebener» wortwörtlich *Muslim*.

Der universal-paradigmatische und verbindliche Charakter des koranischen Abrahams gilt auch hinsichtlich der Praxis der Gastfreundschaft. Die bereits in der altarabischen Beduinengesellschaft praktizierte Gastfreundschaft gegenüber

---

7 Vgl. Michael KLÖCKER/Udo TWORUSCHKA, (Hg.), *Ethik der Weltreligionen*. Ein Handbuch, Darmstadt 2005, 107 f.

8 Hadith (arab. Bericht, Erzählung) ist die Bezeichnung für die überlieferten Aussagen und Taten, die dem Propheten Muhammad zugeschrieben werden. Als solche haben sie für gläubige Musliminnen und Muslime verbindlichen Charakter und bilden die sog. *Sunna* (verbindliche Norm des Propheten Muhammad), die zweite Quelle des islamischen Rechts nach dem Koran.

Fremden und Reisenden bekommt im Koran eine universalreligiöse Bedeutung. Mit direkter Bezugnahme des Korans auf die biblische Abrahamserzählung in Gen 18,1–15 wird sie zur religiösen Pflicht für alle Muslime. In der Sure 51:24– 50 lesen wir nämlich Folgendes:

«Ist dir nicht die Geschichte von den ehrenvoll aufgenommenen Gästen Abrahams zu Ohren gekommen? [Damals] als sie bei ihm eintraten. Da sagten sie ‹Heil!› Er sagte (ebenfalls) ‹Heil! [Ihr seid] verdächtige Leute.› Er wandte sich nun seinen Angehörigen […] zu und brachte ein fettes [gebratenes] Kalb herbei und setzte es ihnen vor. Er sagte: ‹Wollt ihr nicht essen?› [Sie griffen nicht zu.] Da empfand er Furcht vor ihnen. Sie sagten: ‹Hab keine Angst!› Und sie verkündeten ihm einen klugen Jungen. Da kam seine Frau mit [lautem] Geschrei […] herbei. Und sie schlug sich [entrüstet] ins Gesicht und sagte: ‹[Ich bin doch] eine unfruchtbare alte Frau! [Wie soll ich da noch ein Kind bekommen?]› Sie sagten: ‹So [wie wir verkündet haben]. Dein Herr hat [es] gesagt. Er ist der, der weise ist und Bescheid weiss.›»

Wie die biblische, so ist auch die koranische Abrahamserzählung eingebettet in ein äusserst zwischenmenschliches Alltagsgeschehen. Eine Szene, wie sie sich im Kontext des alltäglichen Lebens im alten Arabien unzählige Male abgespielt haben mag. Abraham verhält sich gastfreundlich und in besonderer Weise grosszügig gegenüber fremden Durchreisenden. Doch anders als in der Bibel greifen die Gäste nicht zu, was bei Abraham den Verdacht auslöst, die drei könnten auch in böser Absicht gekommen sein. Das Essen abzulehnen hätte ja bedeutet, dass man die Gastfreundschaft ablehnt und keine guten Absichten gegenüber dem Gastgeber hegt. Aber gerade in diesem nach den damaligen Regeln der Gastfreundschaft groben Verstoss ist der heilsgeschichtliche Aspekt der koranischen Abrahamserzählung verankert. Er wird aber anders akzentuiert als in der Bibel. Da Abrahams Gäste, wie sich im Laufe der Erzählung herausstellt, Engel Gottes waren, konnten sie gemäss islamischer Auffassung nicht essen. Doch sie beruhigten Abraham und kündigten ihm die Geburt eines Sohnes an. Wie bereits in der Bibel werden die Begegnung Abrahams mit den Fremden und deren gastfreundlicher Empfang auch im Koran zu einer heilsgeschichtlichen Erfahrung mitten im menschlichen Alltagsleben. Die Tatsache, dass das gleiche Ereignis in jeweils leicht abgeänderter Form noch an zwei weiteren Stellen im Koran erzählt wird, in Sure 11:69–73 und in Sure 15:51–56, und zwar entweder in Form eines göttlichen Auftrages an Muhammad, die Geschichte zu verkünden («Gib ihnen Kunde von den Gästen Abrahams», 15,51) oder als ermahnende Erinnerung («Ist dir nicht die Geschichte von den ehrenvoll aufgenommenen Gästen Abrahams zu Ohren gekommen?»,

51:24) zeugt vom Verbindlichkeitswert der Erzählung im islamischen Kontext. Abraham ist nicht nur ein vorbildlicher Gastgeber. Seine Gastfreundschaft bekommt einen Verbindlichkeitscharakter. Gastfreundschaft als Medium göttlicher Offenbarung wird für Gläubige zur religiösen Pflicht.

5.1 Gastfreundschaft als grenzüberschreitender Wert

In Sure 2:177 wird die Gastfreundschaft gegenüber Fremden mit dem Bekenntnis zu den fünf zentralen Glaubensaussagen des Islams gleichgesetzt und im gleichen Atemzug mit den Grundpflichten des Islams wie der Gebetspflicht und der Pflichtabgabe (Almosensteuer) genannt:

> «Die Frömmigkeit besteht nicht darin, dass ihr euch [beim Gebet] mit dem Gesicht nach Osten oder Westen wendet. Sie besteht vielmehr darin, dass man an Gott, den jüngsten Tag, die Engel, die Schrift und die Propheten glaubt und sein Geld – mag es einem noch so lieb sein – den Verwandten, den Waisen, den Armen, dem, der unterwegs ist [...], den Bettlern und für [den Loskauf von] Sklaven hergibt, das Gebet verrichtet und die Almosensteuer bezahlt.»

Der religiös verpflichtende Charakter der Gastfreundschaft gegenüber Fremden und Reisenden kommt auch in Sure 4:36 zum Ausdruck. Diesmal sogar in Gestalt einer Ermahnung:

> «Und dienet Gott und gesellt ihm nichts [...] bei! Und zu den Eltern [sollt ihr] gut sein, und [ebenso] zu den Verwandten, den Waisen und den Armen, [weiter] zum verwandten und zum fremden Beisassen, zum Gefährten [der euch] zur Seite [steht ...], zu dem, der unterwegs ist [...], und zu dem, was ihr [an Sklaven] besitzt.»

Bei den Reisenden wird hinsichtlich der Hilfeleistung nicht unterschieden zwischen arm und reich – ob handelsbedingt unterwegs, auf religiöser Pilgerschaft oder auf der Flucht. Als einziges Kriterium für Hilfeleistung gilt, dass Menschen unterwegs und weit entfernt von ihrer Heimat, Familie oder ihrem Stamm auf fremde Hilfe angewiesen sind.[9]

---

9   Daniela FALCIONI, *Du wirst zu essen geben und deinen Friedensgruss an den richten, den du kennst, und an den, den du nichts kennst.* Formen der Gastfreundschaft in der dar al-islam, in: Burkhard LIEBSCH/Michael STAUDIGL/Philipp STOELLGER, *Perspektiven europäischer Gastlichkeit.* Geschichte – Kulturelle Praktik – Kritik, Weilerswist 2016, 315–325, 318.

Wie bei der anfangs strukturschwachen und sozial entfremdeten urchristlichen Gemeinde muss auch die koranische Verankerung der Gastfreundschaft als religiöse Pflicht zunächst im Kontext des prophetischen Werdegangs Muhammads und der Formierung seiner Anhängerschaft verortet werden. Muhammads Prophetie gestaltet sich nämlich von Anfang an in einem kontinuierlichen Entfremdungsprozess: in der Entfremdung vom eigenen Stamm und von den religiösen Traditionen der Urväter. Dieser Entfremdungsprozess zwang Muhammad und seine erste Anhängerschaft zur Migration und spitzte sich bald zu einem regelrechten Kampf um das Überleben zu. Als neu auftretender Prophet konnte Muhammad nur wenige Personen für seine Botschaft gewinnen. Entweder begegnete man ihm mit Desinteresse, oder er erntete Spott und wurde zum Schwindler und Lügner erklärt, der bloss die Lehren früherer Propheten kopiere:

«Und sie sagen: ‹Das [d.h. die koranische Verkündigung] ist nichts als ein Schwindel, den er [d.h. Mohammed] ausgeheckt hat und bei dem ihm andere Leute geholfen haben.› […] Und sie sagen: ‹[Es sind] die Geschichten der früheren [Generationen], die er sich aufgeschrieben hat. Sie werden ihm morgens und abends diktiert.›» (Sure 25:4–5).[10]

Den finalen Akt der Entfremdung in Form von einem Abbruch sämtlicher Solidar- und Schutzbindungen an den eigenen Stamm markierte Muhammads Infragestellung des altarabischen Götterkultes im Heiligtum von Ka'ba als sinn- und zwecklose Erfindung:

«Diejenigen, zu denen ihr betet, statt zu Gott [zu beten], sind ebenso wie ihr [selber] Diener [Gottes]. Betet doch zu ihnen, dass sie euch erhören, wenn [anders] ihr die Wahrheit sagt! Haben sie [etwa] Beine, mit denen sie gehen, oder Hände, mit denen sie zupacken, oder Augen, mit denen sie sehen, oder Ohren, mit denen sie hören können?» (Sure 35:13).

Mit Blick auf die wirtschaftliche Bedeutung des Wallfahrtswesens für eine Stadt wie Mekka, die kaum über andere Einnahmequellen verfügte, bedeutete Muham-

---

10 In Anbetracht des Vorwurfs der Lüge verortet die koranische Offenbarung Muhammad im Kontext der biblischen Propheten, die mit dem gleichen Vorwurf konfrontiert waren: «Und wenn sie [d.h. die ungläubigen Mekkaner] dich der Lüge zeihen [, braucht man sich nicht zu wundern]. [Schon] vor ihnen haben die Leute Noahs, die Ad und die Thamud [ihre Gesandten] der Lüge geziehen, desgleichen die Leute Abrahams, die Leute Lots und die Gefährten von Madjan. Und Mose ist [ebenso] der Lüge geziehen worden.» Sure 22:42–43.

mads direkte Kritik am Götterkult in Ka'ba im Endeffekt einen wirtschaftspolitischen Sabotageakt. Und dieser Schritt wurde nicht mehr bloss mit Spott oder Desinteresse seitens des religiösen und politischen Establishments in Mekka quittiert. Muhammad und seine Anhängerschaft verloren endgültig den für eine tribalistisch organisierte Gesellschaft lebensnotwendigen Stammesschutz, was sie schliesslich zur Migration von Mekka nach Medina zwang. Der Ausbruch aus den vertrauten Schutzstrukturen brachte für Muhammad und seine Anhänger automatisch die Notwendigkeit mit sich, als verfolgte Minderheit nach innen hin bedingungslose Solidarität und gegenseitige Unterstützung zu praktizieren. Und nach aussen hin galt es, neue, bis dahin nicht bestehende oder auch kaum denkbare Allianzen in fremder Umgebung zu schmieden und sich auf fremde Menschen einzulassen, über die traditionellen Stammesgrenzen hinaus.

5.2 Gastfreundlich sein, weil man Christ und weil man Muslim ist

Als eine Religion mit «Migrationshintergrund» war der Islam mit dem universalen Selbstverständnis seiner Botschaft also von Anfang an darauf angewiesen, die stammesbedingten Partikularismen und die kulturspezifischen Distanzen gegenüber den Fremden zu verringern und sich auf sie einzulassen. Und hier lassen sich aufschlussreiche Parallelen zur neutestamentlichen bzw. urchristlichen Praxis der Solidarität und der Gastfreundschaft ziehen. Wie die urchristliche formiert sich auch die urislamische Gemeinde vor dem Hintergrund der religiös-sozialen Entfremdung und Migration ihres Stifters und seiner Gefolgschaft. Muhammad und seine Anhänger mussten nicht nur ihr Hab und Gut sowie ihre Heimat verlassen, sondern waren gezwungen worden, auch die existenziell unabdingbare Verbindung zu ihren Stämmen restlos aufzugeben. Die aus existenzieller Not heraus praktizierte Gastfreundschaft galt zunächst selbstredend den Gleichgesinnten. Es ging ja, wie auch in den Anfängen des Christentums, darum, als kleine und verfolgte Minderheit zu überleben. Durch ihre religiöse Fundierung wird die Gastfreundschaft im Koran – wie auch in der biblischen Tradition – dann jedoch universaler gefasst. Sie soll auch gegenüber den Nichtangehörigen der eigenen Glaubensgemeinschaften, gegenüber den Fremden also, praktiziert werden:

> «Und wenn einer von den Heiden dich um Schutz angeht, dann gewähre im Schutz, damit er das Wort Gottes hören kann! Hierauf lass ihn [unbehelligt] dahin gelangen, wo er in Sicherheit ist!» (Sure 9:6).

Durch den Einbezug in eine theologisch-anthropologische Reflexion bekommt die Praxis der Gastfreundschaft auch im Koran eine heilsgeschichtliche Dimension. Gastfreundschaft zu praktizieren bedeutet vor diesem Hintergrund mehr als bloss Erbarmen zu haben mit bedürftigen Reisenden oder Flüchtenden. Auch im Islam berührt die Gastfreundschaft das Selbstverständnis der Gott-Mensch-Beziehung. Indem die Gastfreundschaft im Koran in den Rang zentraler Glaubensgebote wie Bekenntnis zu Gott, Erfüllung religiöser Pflichten und der Glaube an das jüngste Gericht erhoben wird, stellt ihre Praxis in der Endkonsequenz den konkreten Ausdruck des Bekenntnisses und der Dankbarkeit gegenüber Gott als dem Schöpfer und Erhalter allen Lebens dar:

> «Sag: Mein Herr teilt den Unterhalt reichlich zu […], wem er will, und begrenzt ihn auch wieder. […] Und nicht euer Vermögen und eure Kinder sind es, die euch in ein nahes Verhältnis zu uns bringen. [Es kommt] vielmehr [auf den Glauben und die Werke an]. […] Sag: Mein Herr teilt den Unterhalt reichlich zu […], wem von seinen Dienern er will, und begrenzt ihn ihm auch wieder …] Und wenn ihr etwas spendet, wird er es [euch dereinst] ersetzen. Er kann am besten bescheren» (Sure 34:36–39).

Aufgrund des spezifischen Monotheismusverständnisses ist die islamische Konzeption der Gastfreundschaft zwar nicht – wie in der Bibel – eingebettet in die heilsgeschichtliche Metapher der Fremdlingschaft und Weltgastlichkeit des mitwandernden Gottes. Das Konzept und die Praxis der Gastfreundschaft im Christentum und Islam gehen dennoch von gleichen theologisch-anthropologischen Voraussetzungen aus: Die praktizierte Gastfreundschaft und Grosszügigkeit ist ein alltäglich-menschlicher Ort der Gotteserfahrung, einer Erfahrung, die sich nicht an bestimmten Kultorten, zu bestimmten Kultzeiten und durch bestimmte Kulthandlungen ereignet. Der Gastgeber schenkt, weil er selbst von Gott beschenkt wurde. Gastgeber und Gast erfahren so gemeinsam die Zuwendung Gottes. Wie aus den oben zitierten biblischen und koranischen Textstellen hervorgeht, bilden Gastfreundschaft und Glauben im Christentum und im Islam einen Zusammenhang. Die Bibel und der Koran geben der Gastfreundschaft also eine schöpfungstheologische und heilsgeschichtliche Rahmung, wodurch die Praxis der Gastfreundschaft zu einem Glaubensakt wird, in dem Gast und Gastgeber sich gemeinsam als von Gott umsorgte und beschenkte Geschöpfe erfahren. Aus christlicher und islamischer Perspektive lässt dieser konstitutive Zusammenhang von Glaube und Gastfreundschaft in der Endkonsequenz die Feststellung zu, dass man gastfreundlich ist, weil man Christ/Christin bzw. Muslim/Muslimin ist.

6. Ausblick

Welche Impulse lassen sich aus der spezifisch theologisch-anthropologischen Einbettung der Einstellung zum Fremden und zur Praxis der Gastfreundschaft im Christentum und im Islam für den Umgang mit Migration und Fremdheit heute gewinnen?

Die aktuellen Debatten über Migration und den Umgang mit Migranten und Flüchtlingen werden, wie anfangs erwähnt, von spezifischen Grenzmarkierungsnarrativen beherrscht, wie *(christliches) Abendland, Europa als (christliche) Wertegemeinschaft, Kultur, Nation.*

Vor diesem Hintergrund ist es aufschlussreich, zunächst nochmals daran zu erinnern, dass Christentum und Islam hinsichtlich ihres Selbstverständnisses Migrationsphänomene sind, zwei Religionen mit «Migrationshintergrund». Der Akzent liegt hier nicht in erster Linie auf dem faktischen Umstand ihrer geografischen Ausbreitung, sondern auf dem Selbstverständnis ihrer Geltungsansprüche. Beide Religionstraditionen definieren ihre Botschaft universal, das heisst stammes-, sprach-, kultur- und ortsübergreifend. Die vertrauten Pfade zu verlassen und aus altbewährten Denkmodellen auszubrechen, diese zwei Dynamiken gehören zu den konstitutiven Elementen der Entstehung und der historischen Entwicklung des Christentums und des Islam. Diese Dynamiken lösten selbstredend immer wieder Befremden aus. Andererseits stellten sie beide Religionen im Laufe ihrer Geschichte vor die Aufgabe, die eigene religiöse Wahrheit in immer neue fremdkulturelle Kontexte zu übersetzen, auf das Fremde zuzugehen, das Fremde zu überwinden, Gastfreundschaft zu erfahren und sie selbst auch zu gewähren.

Heute ist es wichtiger denn je, an diese in der alttestamentlichen Tradition der Gastfreundschaft wurzelnde tiefe Verwandtschaft zwischen Christentum und Islam zu erinnern, und zwar in einer Zeit, in der Semantiken der Abgrenzung und der Inkompatibilität von Religionen und Kulturen die Migrationsdebatten dominieren. Die religiöse Fundierung der Praxis der Gastfreundschaft in der Tradition Abrahams in der Bibel und im Koran kann uns daran erinnern, dass der Fremde nicht pauschal als eine Bedrohung und als Problem wahrgenommen werden muss. Das Zugehen auf den Fremden und der gastfreundliche Umgang mit ihm können vielmehr zu einer besonderen, bereichernden Gottes- und Menscherfahrung werden. Und in der Tradition der abrahamitischen Gastfreundschaft bedient sich Gott sowohl im Christentum als auch im Islam des Fremden, um Wichtiges mitzuteilen. Vor diesem Horizont betrachtet, sind die fremden Migranten und Flüchtlinge von heute nicht ein Problem an sich, sondern eine Problemanzeige. Sie weisen uns auf die aktuellen Probleme in unserer Welt hin: Probleme der sozialen, wirtschaftlichen und politischen Ungerechtigkeit. In seiner irritierenden Fremdheit wird so der Fremde, der zu uns kommt und anklopft, nicht zu einer Bedrohung und Infragestellung unserer Identität, sondern vielmehr zu einer Anfrage – zur Anfrage an unsere Mitmenschlichkeit, an unsere Religion, unsere Kultur und nicht zuletzt auch zur Anfrage über unseren Anteil an der aktuellen Entwicklung und Situation in der Welt. Dass die Gastfreundschaft in der Tradition Abrahams den Gastgeber nachhaltig verändern kann, bringt der Theologe Henri J. M. Nouwen auf den Punkt: Er bezeichnet das biblische Konzept der Gastfreundschaft als «einen der dichtesten biblischen Begriffe, der unser Verständnis für unsere Beziehungen zu unseren Mitmenschen vertiefen und erweitern kann»[11].

11   Henri J. M. Nouwen, *Der dreifache Weg*, Freiburg i. Br. 1984, 59.

Mobilität und Grenzen der Gastfreundschaft
Überlegungen zur derzeitigen Situation

Heidrun Friese

«Wir haben die ‹Wegwerfkultur› eingeführt, die sogar gefördert wird. Es geht nicht mehr einfach um das Phänomen der Ausbeutung und der Unterdrückung, sondern um etwas Neues: Mit der Ausschliessung ist die Zugehörigkeit zu der Gesellschaft, in der man lebt, an ihrer Wurzel getroffen, denn durch sie befindet man sich nicht in der Unterschicht, am Rande oder gehört zu den Machtlosen, sondern man steht draussen. Die Ausgeschlossenen sind nicht ‹Ausgebeutete›, sondern Müll, ‹Abfall›.»[1]

(Evangelii gaudium)

«There are always too many of them. ‹Them› are the fellows of whom there should be fewer – or better still none at all. And there are never enough of us. ‹Us› are the folks for whom there should be more.»[2]

(Zygmunt Bauman)

1. Meinen und wissen

Regelmässig verfolge ich die Leserforen von *Zeit Online* (ZON), wenn der jeweilige Artikel, auf den Bezug genommen wird, sich mit «Flüchtlingen» und/oder «Migranten» beschäftigt. Nach der sogenannten Flüchtlingskrise 2015/2016 sichert bereits das Stichwort Aufmerksamkeit, bietet Raum für subjektive Erregung, garantiert Klicks und damit auch Werbeeinnahmen. Oftmals sind die Usermeinungen (ein Leser ist mittlerweile ja zum *user* von bereitgestelltem *content* mutiert) erschreckend. Erschreckend sind viele Beiträge auch und gerade dann, wenn sie sich nicht einer explizit menschenverachtenden oder rassistischen Spra-

---

1 FRANZISKUS, *Apostolisches Schreiben Evangelii Gaudium*. Über die Verkündigung des Evangeliums in der Welt von heute (24.11.2013), 52, Abschnitt 53, Città del Vaticano, online unter: https://w2.vatican.va/content/dam/francesco/pdf/apost_exhortations/documents/papa-francesco_esortazione-ap_20131124_evangelii-gaudium_ge.pdf (30.8.2017).
2 Zygmunt BAUMAN, *Wasted Lives*. Modernity and its Outcasts, Cambridge 2004, 34.

che bedienen – gerade dann fängt es an, interessant zu werden. Dann kann man fragen, wie «Gastfreundschaft», also die Frage nach der Aufnahme von anderen und die politische und ethische Frage, wie wir zusammenleben wollen, mittlerweile verhandelt wird.

Die Meinungen – und tatsächlich handelt es sich ja um Meinungen, die sich gerade nicht durch kritische Beleuchtung, Urteil und Distanz auszeichnen und sich so auch von Wissen(schaft) unterscheiden –, sind ebenso emotional gefärbt wie vorhersehbar.[3] Grob sortiert, stecken die jeweiligen Standpunkte in etwa den folgenden Rahmen ab:

- Die Politik habe versagt, oder besser: Die Politiker haben versagt. Besonders Bundeskanzlerin Merkel, da sie Migranten «eingeladen» und zudem rechtswidrig gehandelt haben soll.
- Die Migranten/Asylsuchenden sollen bereits in den Herkunftsländern aufgehalten werden. Dazu ist praktisch jedes Mittel recht. Auf dem Mittelmeer gerettete Menschen sollen sofort wieder zurückgeschickt werden, damit sich abschreckende Wirkung entfaltet und sich keiner mehr auf den Weg macht.
- Den «kriminellen Schleusern» müsse das Handwerk gelegt werden, damit Menschen nicht mehr im Mittelmeer ertrinken.
- Die Grenzen – herausragendes Zeichen staatlicher Souveränität – sind gegen die «Invasion» der Ungewollten zu verteidigen.
- Migration gefährde den Sozialstaat, damit «unseren» Wohlstand und den inneren Frieden.
- Migranten aus «fremden Kulturkreisen» liessen sich nicht integrieren und unterhöhlten «deutsche Identität».

Sicherlich zielen viele Meinungen auf die Reduktion von Komplexität, wenn sie einfache Lösungen in einer reichlich unübersichtlichen Gegenwart erfordern.[4]

---

3   In Zeiten aufblühender Wissenschaftsskepsis sei auf den Unterschied zwischen Meinung und Wissen(-schaft) hingewiesen. Bereits Theodor W. Adorno hat die Zusammenhänge herausgearbeitet:, Theodor W. Adorno, *Meinung Wahn Gesellschaft*, in: ders., *Eingriffe*. Neun kritische Modelle (Gesammelte Schriften 10,2, hg. von Rolf Tiedemann), Frankfurt a. M. 1997 ([1]1961), 573–594. – Eduard Kaeser hat jüngst pointiert die «Epidemie der Gewissheit» in den Blick genommen: «Eine kognitive Krankheit geht um: gefühltes Wissen. Auffallendes Symptom: Man ist überzeugt, etwas zu wissen, weiss es aber im Grunde nicht. Truthiness nennt sich das im Englischen. Besonders wild verbreitet sich das gefühlte Wissen im Netz, in den unzähligen Foren, wo im Brustton der Überzeugung übelster Mist verzettelt wird.», in: Eduard Kaeser, *Gefühltes Wissen – eine Epidemie*. NZZ vom 26.8.2017.

4   Vgl. Heidrun Friese, *Flüchtlinge: Opfer – Bedrohung – Helden*. Zur politischen Integration des Fremden, Bielefeld 2017.

Diese sind ausgerichtet am unmittelbaren Umkreis, am Hören und Sagen, am Gerücht und überliefertem Vorurteil, an den Sicherheiten eingeübten Alltagshandelns, seinen Handlungshorizonten und am Besorgen der eigenen Hauswirtschaft. Folgen wir diesen Meinungen, sollen Politiken sich am Oikos und dem privaten Raum ausrichten und nicht an der Polis, an Gefühl, diffuser Angst und Besorgnis statt an Ethik und Recht. Will heissen, Politik wird dann zum ressentimentgeleiteten Gefühlsspektakel. Oft sind diese Meinungen nicht nur mit erschreckender Unkenntnis der internationalen rechtlichen Normen und Bestimmungen, zeitgeschichtlicher Kontexte und Hintergründe sowie der verwendeten Begrifflichkeiten verbunden. Sie schaffen auch Differenz zwischen «Uns» und «Ihnen» und bringen damit beständig Figuren des Anderen hervor, mit denen die Ankommenden entweder zu «Feinden», zu «Opfern» oder zu «Helden» gemacht werden.[5]

Durch diese Meinungen getrimmt, zielen derzeitige europäische Politiken in der Tat darauf, Mobilität für einen Teil der Menschheit zu beschränken und Gastfreundschaft unmöglich zu machen, denn die Uneingeladenen sollen bleiben, wo sie sind, auf ihrer als heimatlich gedachten Scholle. Flucht aus der «Heimat», die eben gerade keine Heimat bietet, also Flucht vor Krieg, Flucht vor Diktatoren und Milizen – Flucht um des schieren Überlebens, eines besseres Lebens oder der Freiheit willen – soll verhindert werden.[6]

Wir allein, das ist der Zufall, das ist Privileg der Geburt und damit zugefallener Staatsbürgerschaft in den Staaten des Westens, wir dürfen selbstverständlich mobil sein, das Land verlassen, wir dürfen reisen, unser Glück auch dauerhaft woanders suchen. Auch Waren sollen und dürfen zirkulieren, nicht aber Menschen. Der freie Welthandel soll unseren Wohlstand sichern und befördern, Freizügigkeit, Mobilität steht uns, den Bürgern der reichen Welt zu, nicht den Armen der Welt, denjenigen die als «Wirtschaftsflüchtlinge» und als «Schmarotzer an unserem Sozialstaat» denunziert werden. Die nicht hinterfragte Hinnahme von globaler Ungerechtigkeit gilt als Realitätssinn. Bereits der Verweis auf Ungerechtigkeit wird als unerhörte Demonstration moralischer Überlegenheit denunziert. Mit einem verbleibenden Gefühl von Humanität fordern wir bestenfalls, man möge denen, die an Europas Ufern stranden, doch besser «zu Hause» helfen.

Im Folgenden soll diesen weit verbreiteten Meinungen nachgegangen werden, wie auch dem, was ihnen unausgesprochen zugrunde liegt. Es sollen also Verbindungen hergestellt werden. In einem ersten Schritt werden daher die historischen

---

5   Vgl. FRIESE, *Flüchtlinge* (wie Anm. 4).
6   Im Weiteren unterscheide ich begrifflich nicht zwischen Flüchtlingen, Asylsuchenden und Migranten. Mobile Menschen und individuelle Handlungsgründe richten sich kaum nach den Kategorisierungen des Rechts und/oder internationaler Konventionen.

Verbindungen zwischen Gastfreundschaft (*Hospitalität*) und Feindschaft (*Hostilität*) in den Blick kommen. Vor dem Hintergrund der knappen historischen Skizze der Ambivalenzen der Gastfreundschaft können dann Verbindungen zwischen Gastfreundschaft, Ethik und derzeitigen Politiken deutlich herausgearbeitet werden. Diese zeigen auch die «Grenzen der Gastfreundschaft»[7] an und untergraben gesellschaftliches Zusammenleben, wenn sie Hostilität nicht einhegen, sondern zu seinem bestimmenden Element machen.

2. Hostilität und Grenzen

«Alle Gesellschaften schaffen Fremde; doch jede Gesellschaft schafft sich ihre eigenen Fremden und schafft sie auf eine eigene, unnachahmliche Art und Weise», stellt der britische Soziologe Zygmunt Bauman fest.[8] In diesem Sinne finden Gesellschaften auch historisch unterschiedliche Wege, diejenigen aufzunehmen und mit denjenigen umzugehen, die als fremd gelten, die sie zu Fremden gemacht haben, weil sie einer (politischen) Gemeinschaft nicht angehören. Als universale Beziehungsformen, die gleichwohl unterschiedliche Modi ihrer historischen Artikulation kennen, schaffen soziale Praktiken *den* Fremden ebenso, wie die Anforderungen der Gastfreundschaft den Umgang mit Fremden regeln.

Historisch betrachtet waren die Gesten der Gastfreundschaft eine religiöse, ethisch begründete und moralisch abgesicherte Pflicht – ein Gebot von Grosszügigkeit, Wohltätigkeit und Nächstenliebe. Als ein Modus menschlicher Soziabilität, Bindung, Kooperation und Verbundenheit ist Gastfreundschaft aber auch an den Konflikt und an ihre andere Seite, nämlich an Negation, Ablehnung, Ungastlichkeit, Verfeindung und Feindschaft gebunden. Sie macht immer auch ihre Ambivalenzen und Grenzen deutlich. Hospitalität verweist auf Risiko, Gefahr, das Unbekannte, auf Hostilität, und ihre mehr oder minder ritualisierten Gesten sollen diese ordnen und zügeln.[9]

Diese Ambivalenz wird bereits im Begriff Hospitalität deutlich. In seiner klassischen Untersuchung des «Vokabulars der indoeuropäischen Institutionen» weist Émile Benveniste den lateinischen Bezeichnungen für Gast, nämlich *hostis* und *hospes* unterschiedliche Bedeutungsfelder zu, die zwischen Freund und Feind

---

7 Vgl. für diesen Abschnitt Heidrun FRIESE, *Grenzen der Gastfreundschaft*. Die Bootsflüchtlinge von Lampedusa und die europäische Frage, Bielefeld 2014.

8 Zygmunt BAUMAN, *Making and Unmaking of Strangers*, in: Thesis Eleven 43 (1995) 1–16.

9 Vgl. Hans-Dieter BAHR, *Die Sprache des Gastes*. Eine Metaethik, Leipzig 1994; Jacques DERRIDA, *Hostipitality*, in: Angelaki 5 (2000) H. 3, 3–18.

schwanken und an die politische Ordnung eines Gemeinwesens, eines Staatswesens gebunden sind. Die ursprüngliche Bedeutung von *hostis* verweist auf denjenigen, der in einer «kompensatorischen Beziehung» steht, ist er doch auch derjenige, der eine bindende, auf Gleichheit und Gegenseitigkeit beruhende Beziehung zwischen einem einzelnen Fremden und den Bürgern Roms herstellt. Zugleich war diese Bedeutung auch an *munus*, eine Ehrenstellung, die zur Gegengabe verpflichtete, und an *mutuus*, einen wechselseitig bindenden Kontrakt gebunden, der *communitas* begründet. So kann der Fremde, der Gast, zum *immunis*, also zu demjenigen werden, der die Regeln der Reziprozität verletzt und damit zum *ingratus* wird. Wenn der *hostis* – anders als der *peregrinus*, ein Fremder, der ausserhalb der Grenzen wohnte – die gleichen Rechte genoss wie ein römischer Bürger, man *hostire* ähnlich wie *aequare*, «kompensieren», verwendete, dann meint das zugleich Gleichheit und Gegenseitigkeit – also die Pflicht, eine Leistung zu erwidern. In dieser Hinsicht verweist *hostis*, wie auch der griechische *xenos* und *xenia* auf eine Allianz, einen wechselseitigen Pakt, der vererbt und also auch auf die Nachkommen übergehen konnte.[10] Neben diesen Bedeutungsfeldern bezeichnen *hostis/hospes* aber auch den «Feind» und rücken *xenos*, den Fremden, den Gast, in eine sprachliche Nähe. Daneben wird eine Beziehung zwischen Gemeinschaft, den Göttern und dem Fremden hergestellt, die auch mit dem Wort *hostia* zum Ausdruck kommt: *hostia* (das Opfer, die Opfergabe) bezeichnet, «im Gegensatz zu ‹victima›, dasjenige Opfer, das den Zorn der Götter zu beschwichtigen» hatte, so Hans-Dieter Bahr, sie gilt als Sühne und Gabe «für ihren ‹Gewaltverzicht›»[11].

Gastfreundschaft hat also vielfältige religiöse und ethische Bezüge, mit denen diese Beziehungen umgedeutet, zugespitzt und durchaus nicht vergessen werden. Denn die Fragwürdigkeit des Unbekannten, die Ambivalenz des Fremden speist sich auch aus der Begegnung mit dem Geheimnis. Entsprechend oft ist auf die Bindung von Fremdheit an das Heilige hingewiesen worden. So ist das Gastrecht in der arabischen Welt an die Heiligkeit der Frauen eines Hauses gebunden worden, die den Hausherren verpflichtet, jedem Fremden – und sei dies sein ärgster Feind – Schutz zu gewähren. Denn die Heiligkeit des Hauses steht über dem Imperativ der Vergeltung. Die heilige Pflicht, dem Fremden Asyl zu gewähren, ist aus vielen Kulturen ebenso bekannt wie die Vorstellung, die Götter zeigten sich – denken wir etwa an Philemon und Baucis oder an Abraham und Sara – als Fremde oder Bettler. In den Briefen an die Hebräer (Hebr 13,2) heisst es: «Vergesst die

---

10 Vgl. Émile Benveniste, *Indo-European Languages and Society* (Miami Linguistic Series 12), Coral Gables 1973, 76–79.
11 Bahr, *Sprache* (wie Anm. 9) 37–38.

Gastfreundschaft nicht; denn durch sie haben einige, ohne es zu ahnen, Engel beherbergt.» Und daher «gab es Zeiten», wie Bahr bemerkt, «die geboten», den Gast nicht «nach seinem Namen, seiner Herkunft, seinem Begehr zu fragen, nicht einmal, ob er ein Unsterblicher oder Sterblicher sei»[12]. Und kaum etwas offenbart diese Ordnung, das Gesetz (*nomos*) wohl deutlicher als *Zeus Xenios*, der über den Schutz der Fremden wachte, während die (politische) Gemeinschaft das Recht und ihre Gesetze (*nomoi*) garantieren sollte. Nichts scheint dann schändlicher als die Verletzung des heiligen Gastrechts. Das Gesetz der Gastfreundschaft trägt die Spur einer göttlichen Ordnung in sich, verbürgt seine Wirksamkeit in der politischen Gemeinschaft und macht diese bindend.

Im Laufe der Zeit wird die enge Verbindung zwischen Gastfreundschaft, Mildtätigkeit, Barmherzigkeit und Mitbürgerschaft im christlichen Erbe institutionalisiert und bekommt besondere Orte: Es entstehen die Hospize (Spitäler) und Orden, die nicht nur den Pilgern an den heiligen Stätten Schutz und Obdach gewähren. Auch übernehmen diese Institutionen und philanthropischen Vereinigungen die Kranken- und Armenfürsorge und die Aufgabe, Witwen und Waisen, aber auch Bettler und Vagabunden, die «wilden Gäste» also, diejenigen, die aus der sozialen Ordnung fallen, in ihr Regime aufzunehmen. Die alte «Gabenmoral», so bemerkt Marcel Mauss, wird zugleich zum «Gerechtigkeitsprinzip» umgedeutet, so wie auch das einstige Opfer, das den Fremden, den Feind, den Göttern darbot, sich zum wohltätigen Almosen entwickelt.[13]

Um 1500 beginnt in Europa «die Jagd auf Vagabunden, die Jagd auf Bettler, die Jagd auf Müssiggänger», und zwischen 1650 und 1750 entstehen Institutionen wie das Armenhaus.[14] Diese verweisen auf das alte Asylrecht, das ebenso wie das «Hospital» (von lat. *hospitale, hospitalis, hospes*) nicht nur sprachlich Gastfreund-

---

12 BAHR, *Sprache* (wie Anm. 9) 27. – Auch nach altem arabischem Brauch war es mehr als unschicklich, den Gast nach «Namen, Herkunft oder nach Ziel und Zweck der Reise zu fragen» (zit. nach: Julian PITT-RIVERS, *The stranger, the guest and the hostile host*, in: John George PÉRISTIANY, Mediterranean Rural Communities and Social Change, Paris/The Hague: Mouton, 1968, 22). Die homerische Gastszene kennt freilich die Offenbarung des Namens, der Herkunft und Verwandtschaft, die jedoch erst *nach* dem Gastmahl und den Trinksprüchen eröffnet wird – auch mahnt der homerische Gastgeber den Gast, auf Fragen nach «Namen, Herkommen und Anliegen ehrlich zu antworten» (zit. nach: Steve REECE, *The Stranger's Welcome*. Oral Theory and the Aesthetics of the Homeric Hospitality Scene, Ann Arbor 1993, 29).

13 Vgl. Marcel MAUSS, *Die Gabe*. Form und Funktion des Austauschs in archaischen Gesellschaften. Soziologie und Anthropologie, Vol. II, hg. v. Wolf LEPENIES/Henning RITTER, Frankfurt a.M. u.a. 1978 (dt. Erstausgabe 1968), 36.

14 Vgl. Michel FOUCAULT, *Table ronde*. Dits et écrits 1970–1975, Vol. II, hg. v. Daniel DEFERT/François EWALD, Paris 1994, 316–339.

schaft anzeigt. Diese Einrichtungen machen zugleich einen Fremden im Inneren, einen «Feind» kenntlich, der durch ein Ensemble von Überwachung, Kontrolle, Vorschriften, Blicken gezähmt und der Ordnung eingegliedert werden muss. Es entstehen die Arbeitshäuser, mit denen auf der einen Seite Armut institutionalisiert wird, um auf der anderen Seite zugleich durch Arbeitsdisziplin, Besserungsmassnahmen, religiöse Erziehung, später bürgerliche Pädagogik und Sozialhygiene einen Disziplinarraum zu eröffnen. Auch ermöglicht dann die Kolonisierung der Armut zu entfliehen. Es beginnt die Wanderungsbewegung von «Nord» nach «Süd», und die Kolonien erlauben nicht nur wirtschaftliche Ausbeutung und Sklavenhandel, sondern auch die Verwendung von «überflüssigen» Menschen, die in Übersee ihr Glück versuchen und ihr Auskommen zu finden hoffen.

Die Französische Revolution trägt nicht nur die Fahnen von Freiheit, Gleichheit und Brüderlichkeit, sondern auch das Prinzip einer die Nationen umspannenden Völkerfreundschaft und eines Universalismus, in dem jeder, gleich welcher Herkunft, Asyl, Aufnahme und gleiche Bürgerschaft finden soll. Im Namen des französischen Volkes sollen Fremde aus aller Welt Asyl finden, ihre Sitten und Gebräuche sollen respektiert werden. «Bürger sind zu allererst Menschen, nationales Gesetz soll nicht die Grenze, sondern das universelle Gesetz garantieren»[15], und Fremden soll die Ehre zuteilwerden, im Lichte dieser Universalität zum Bürger zu werden. Mit der universalistischen Affirmation jedoch setzt die souveräne Nation der republikanischen Gastfreundschaft Grenzen und wird zur «republikanischen Ungastlichkeit». Diese etabliert sich über administrative Aufenthaltsregelungen und zeigt die Spannung zwischen universalem Recht und partikularer Ausgestaltung. Im aufgeklärten Kosmopolitismus beruht Gastfreundschaft auf universalistischer Grundlage und erlaubt eine freundschaftliche Beziehung zwischen Gleichen. Doch diese Regelungen erklären den Fremden zum potenziellen Feind der Revolution und werfen die Frage nach Loyalität auf. Fremde benötigen ein «certificat d'hospitalité»[16], das nach der Bürgschaft von zwei patriotischen Bürgern ausgestellt wird.[17] Gastfreundschaft trägt dann nicht das Prinzip universeller Gleichheit in sich, sondern kann nur über loyale Bürger erlangt werden und etabliert damit eine ungleiche Beziehung zwischen Gast und Gastgeber.

---

15 Ebd.
16 Ebd.
17 Vgl. Sophie WAHNICH, *L'hospitalité et la révolution française*, in: Didier FASSIN/Alain MORICE/ Catherine QUIMINAL (Hg.), *Les lois de l'inhospitalité. Les politiques de l'immigration à l'épreuve des sans-papiers*, Paris 1997, 11–26, 14, 20.

Die Ambivalenz der Gastfreundschaft wird auch von Kants kosmopolitischem Entwurf aufgenommen, wenn er Hospitalität dem Recht zuordnet:

«Es ist hier [...] nicht von Philanthropie, sondern vom Recht die Rede, und da bedeutet Hospitalität (Wirtbarkeit) das Recht eines Fremdlings, seiner Ankunft auf dem Boden eines andern wegen, von diesem nicht feindselig behandelt zu werden. Dieser kann ihn abweisen, wenn es ohne seinen Untergang geschehen kann; so lange er aber auf seinem Platz sich friedlich verhält, ihm nicht feindlich begegnen. Es ist kein Gastrecht, worauf dieser Anspruch machen kann (wozu ein besonderer wohltätiger Vertrag erfordert werden würde, ihn auf eine gewisse Zeit zum Hausgenossen zu machen), sondern ein Besuchsrecht, welches allen Menschen zusteht, sich zur Gesellschaft anzubieten, vermöge des Rechts des gemeinschaftlichen Besitzes der Oberfläche der Erde, auf der, als Kugelfläche, sie sich nicht ins Unendliche zerstreuen können, sondern endlich sich doch neben einander dulden zu müssen, ursprünglich aber niemand an einem Orte der Erde zu sein, mehr Recht hat, als der Andere.»[18]

Hospitalität wird von Kant als *Wirtbarkeit* bestimmt. Nun gilt laut dem Deutschen Wörterbuch von Jacob und Wilhelm Grimm als «Wirt [...] ein mann mit eigenem hause, haus und hofe oder auch lande (des landes wirt, der fürst)»[19]. Wirtbarkeit in diesem Sinne hat einen festen Ort, sie etabliert eine sorgende, schützende Beziehung zwischen dem Hausherrn und dem Fremden, doch ist der Fremde, der Gast dem Wirt, dem Herrn im Hause, nicht gleichgestellt und wird aufgenommen unter der Bedingung, dass er nicht zu lange bleibt und sich ungefragt gar zum ständigen Hausgenossen macht.[20]

Dennoch entwickelt Kant Hospitalität zunächst aus der Perspektive des Fremden, aus (s)einem *Recht* (nämlich zur Ankunft), aus dem sich eine Pflicht ableitet (nämlich den Fremden nicht feindlich zu behandeln). Auch wenn er im Fremden durchaus den potenziellen Feind erkennt, so meint Hospitalität in erster Linie ein

---

18   Immanuel KANT, *Zum ewigen Frieden*. Werkausgabe Vol. XI (hg. v. Wilhelm Weischedel), Frankfurt a. M. 1996, 213–214.

19   *Deutsches Wörterbuch* von Jacob GRIMM und Wilhelm GRIMM (1854–1961), Nachdruck München 1999.

20   Diese Einschränkung findet sich auch in der Allgemeinen Erklärung der Menschenrechte wieder. So garantiert sie Freizügigkeit als unveräusserliches Recht, doch teilt der Artikel 13 dieses in drei separate Rechte: Einmal in das Recht, sein Land zu verlassen, dann das Recht auf Wiedereinreise, schliesslich das Recht auf Freizügigkeit innerhalb des eigenen Landes. Damit wird eine radikale Trennung zwischen dem Recht auf Ausreise und dem auf Einreise in ein anderes Land eingesetzt.

Recht auf Ankunft und darauf, nicht feindlich behandelt zu werden, so der Fremde sich ebenfalls friedlich zeigt.

Mit der Entstehung moderner Nationalstaaten, dem Projekt also, die Kongruenz von Sprache, Kultur, Abstammung, Geburt und Territorium zu etablieren und Staatsbürgerschaft somit naturalistisch zu begründen, wird die Aufnahme von Fremden, von Ausländern – die lang schon dem Fremdenrecht, dem Polizeiwesen und seinen Überwachungssystemen unterstehen – zur öffentlichen, staatlichen Aufgabe und unterliegt nationalem und internationalem Recht. Auch wirft die Gewährung von (politischem) Asyl – nicht erst mit der Französischen Revolution – das Problem der Loyalität von Flüchtlingen mit dem Staatswesen auf, das bis heute die Diskussionen um Fragen der (doppelten) Staatsbürgerschaft bewegt und den «Gast, der bleibt»[21], zwischen Freund und Feind situiert. Nicht nur das deutsche Einbürgerungsrecht, in anderen Sprachen nicht umsonst «Naturalisierung» genannt, sieht eine Loyalitätserklärung vor, verlangt vom Fremdem, was dem qua Geburt naturalisierten Bürger zukommen soll, nämlich die Identifikation mit einer als natürlich imaginierten Gemeinschaft und ihrer historisch zufälligen nationalstaatlichen Grenzen.

Doch auch der Bezug auf eine göttliche Ordnung wird durchaus nicht gänzlich abgebrochen und findet bis heute unter anderem im Kirchenasyl Ausdruck, das Schutz vor Verfolgung und Immunität verspricht, ebenso wie sich die jüngste *refugee cities*-Bewegung auf ein altes Recht von Städten beruft, Verfolgte und Exilierte in ihren Mauern aufzunehmen und zu schützen.

Die historischen Semantiken zeichnen den Gast als Fremden aus, sie markieren denjenigen, der nicht dazugehört, den Nicht-Bürger, den potenziellen Feind, und Gastfreundschaft verweist damit immer auch auf eine Ambivalenz, den Konflikt, den die Regeln der Gastfreundschaft ja gerade eindämmen sollen. Was als eine religiös begründete und vermittelte Tugend gefasst wurde, Ethik und Moral gehorcht, gehört dann zugleich der formalen Ordnung des Rechts zu und ist seinen Bestimmungen eingeschrieben. Aus Gastfreundschaft in Formen christlicher Barmherzigkeit und Nächstenliebe wird – auch und gerade in Kants Kosmopolitismus – ein *rechtlicher* Anspruch, Verpflichtung zur Aufnahme und institutionalisierter, organisierter Solidarität, ein universelles Menschenrecht auf Schutz und Asyl, das die Allgemeine Erklärung der Menschenrechte bekräftigt. Aus Gastfreundschaft im privaten Raum mit ihren austarierten Gesten gegenseitigen Gebens und Nehmens wird ein kodifiziertes System aus Rechten und Pflichten,

21 Vgl. Georg SIMMEL, *Exkurs über den Fremden*, in: DERS.: *Soziologie*. Untersuchung über die Formen der Vergesellschaftung (Gesamtausgabe Bd. 11, hg. v. Otthein Rammstedt), Frankfurt a. M. 1992, 764–771.

das durch Zugehörigkeit und politische Mitgliedschaft, durch Geburt und Staatsbürgerschaft bestimmt ist, zugleich aber auch den ambivalenten Status des Fremden markiert, ihn zwischen Freund und Feind ansiedelt, die unerwünschten Anderen, die Fremden «illegalisiert» und einem Grenzregime unterwirft.

3. Hospitalität, Ethik und derzeitige Politiken

Gastfreundschaft, also die Aufnahme derjenigen, die als Fremde gelten, ist neben einer rechtlichen Bestimmung auch eine religiöse und moralisch-ethische Pflicht, die das politische Gemeinwesen ordnet und der christlichen Tradition folgend, Caritas, Wohltätigkeit und Nächstenliebe verpflichtet ist.

> «Denn ich war hungrig, und ihr habt mir zu essen gegeben; ich war durstig, und ihr habt mir zu trinken gegeben; ich war fremd und obdachlos, und ihr habt mich aufgenommen; ich war nackt, und ihr habt mir Kleidung gegeben; ich war krank, und ihr habt mich besucht; ich war im Gefängnis, und ihr seid zu mir gekommen [...] Was ihr für einen meiner geringsten Brüder getan habt, das habt ihr mir getan.» (Mt 25,35–40)

Die Werke der Barmherzigkeit – die eine bedingungslose Aufnahme und Gastfreundschaft umfassen – unterbrechen die Reziprozität, die Kette von Gabe und Erwiderung, sie unterbrechen die Logik des *Do ut des* (ich gebe, damit du gibst). Genauso geht die Caritas nicht zufällig aus der «egalitären Mahlgesellschaft» hervor[22]. Caritas zeigt sich nun aber nicht als Gefühl für bedauernswerte Opfer, sondern in konkretem Handeln.[23]

Vor diesem Hintergrund ist es mehr als erstaunlich, dass ein Teil der öffentlichen Meinung und derzeitige Politiken rechtlichen und ethischen Aspekten kaum noch Raum zu geben scheinen. Hospitalität wird tatsächlich zu manifester Hostilität, die sich an Rassismus, Xenophobie und Identitätsvorstellungen, ja gar an ein ethnisch homogen gedachtes «Volk» und wirtschaftliche Interessen bindet. Erstaunlich ist zudem, dass auf der einen Seite Recht und Politiken von Ethik, von Normen und Werten abgespalten werden und ethisches Handeln als welt- und realitätsfremd, gar als «Gutmenschentum» denunziert werden kann, während auf

---

22 Vgl. Arnold ANGENENDT, *Die Geburt der christlichen Caritas*, in: Christoph STIEGEMANN (Hg.), *Caritas*. Nächstenliebe von den frühen Christen bis zur Gegenwart. Katalog zur Ausstellung im Erzbischöflichen Diözesanmuseum Paderborn, Petersberg 2015, 43.

23 FRIESE, *Flüchtlinge* (wie Anm. 4) 47.

der anderen Seite westliche Werte doch als identitätsstiftend gelten und demokratische Rechtsstaaten sich genau durch diese legitimieren und dadurch von den diktatorischen Regimen dieser Welt unterscheiden sollen. Auch zeigt sich eine seltsame Vergessenheit christlichen Grundsätzen gegenüber, während zugleich das christliche Erbe doch als konstituierend und handlungsleitend für die Gesellschaften Europas gelten soll. In dem apostolischen Schreiben *Evangelii Gaudium* hat Papst Franziskus im Jahre 2013 betont, dass Politik als hohe Form der *Caritas* zu verstehen sei, suche sie doch das Gemeinwohl und sei den Schwächsten der Gesellschaft und den Armen verpflichtet.[24]

Auch besinnt sich die öffentliche Meinung auf alte Vorstellungen von Souveränität, die durch neue Grenzzäune und Sicherheitstechniken gesichert werden soll. Nun haben Entwicklungen, die wir mit dem Begriff Globalisierung fassen, die Souveränität von Nationalstaaten bereits untergraben. Auch war die Bestimmung eindeutiger Grenzen Europas immer schon ein schwieriges Unterfangen. Zugleich hat der Kolonialismus diese Grenzen bis weit in das 20. Jahrhundert in alle Erdteile ausgedehnt. Doch während mit den Verträgen von Schengen die Freizügigkeit aller Bürger Europas innerhalb dieses Raumes (weitgehend) gesichert ist, werden auf einmal neue Grenzen errichtet (Ungarn). Gleichzeitig schiebt man die Aussengrenzen Europas hinaus, verlagert sie in die ehemaligen Kolonien Europas und erweitert Grenzgebiete und rechtsfreie Räume. Gegenwärtige Politiken schaffen juristische Niemandsländer, «die Ausreise und Einreise blockieren».[25] Und mittlerweile ist das Lager tatsächlich zu einem ubiquitären Ort geworden, an dem Menschen leben, für die es sonst nirgends Verwendung gibt.

Solche Politiken müssen tatsächlich als neokolonial bezeichnet werden. Weit entfernt davon, Menschenhandel und «kriminellen Schleusern» entgegenzutreten, bezahlt man diktatorische Regime, vor denen Menschen fliehen und die nun nicht für die Einhaltung der Menschenrechte bekannt sind, dafür, dass sie Mobilität und Flucht aus untragbaren Lebensumständen unmöglich machen. Auch auf Druck der europäischen Öffentlichkeit hin hat die EU im März 2016 eine Vereinbarung mit der Türkei getroffen, die verhindern soll, dass Flüchtende Europa erreichen, um Schutz zu finden und/oder Asyl beantragen zu können. Mit dieser Vereinbarung sollte die Balkanroute geschlossen werden. Der Deal mit dem türkischen Regime wurde mit drei Milliarden Euro besiegelt, und bis 2018 sollen noch einmal drei Milliarden Euro für die in der Türkei festgehaltenen Schutzbedürftigen flies-

---

24 Vgl. Sergio Centofanti, *Francesco: politica sia vissuta come forma alta di carità*, Radio Vaticana vom 2.7.2015, online unter: http://it.radiovaticana.va/news/2015/07/02/francesco_politica_sia_vissuta_come_forma_alta_di_carità/1155527 (1.9.2017).

25 Zygmunt Baumann, *Liquid Times*. Living in an Age of Uncertainty, Cambridge 2007, 45.

sen. In Aussicht gestellt wurden zudem Visaerleichterungen für türkische Bürger und Unterstützung der Beitrittsverhandlungen. Dieser Deal hat in Griechenland unter anderem zur Folge, dass Flüchtende in sogenannten Hot Spots konzentriert werden. Dort dürfen sie, bis zu 28 Tagen inhaftiert, ihrer Freiheit beraubt werden, um dann in die als «sicher» eingestufte Türkei abgeschoben werden zu können (siehe hierzu im Kartenabschnitt «Flüchtlingswege» in diesem Band).

Die zentrale Mittelmeerroute – sie soll durch die EU-Operationen *Eunavfor-Med* und *Sophia* überwacht werden – wird weiterhin genutzt. Um diese ebenfalls unter Kontrolle zu bringen und Menschen von italienischen Küsten fernzuhalten, wurden in der «EU-Erklärung von Malta» im Februar 2017[26] Massnahmen zur Ausweitung europäischer Grenzen auf lybisches Territorium beschlossen.[27] Mit dem Sommer 2017 wurden die Politiken akzentuiert. Europas Aussenminister hofierten die Diktatoren in den ehemaligen Kolonien, boten «Entwicklungshilfe» und wirtschaftliche Kooperation im Gegenzug für Grenzüberwachung, Deportation, Lager und geschlossene Grenzen an. Dieser Einsatz wird zynisch mit humanitärem Gestus verbunden und legitimiert. Militärischer Einsatz soll, so die Argumentation, Menschenleben auf dem Mittelmeer retten. Beim Migrationsgipfel Ende August 2017 stellte Italiens Premier Paolo Gentiloni seinem französischen und deutschen Amtskollegen einen Plan vor, der die Grenzregionen zwischen Libyen, dem Tschad und Niger unter Kontrolle bringen sollte. Der Plan verfolgte die bereits in der Deklaration von Malta festgelegten Ziele zur Verhinderung von Mobilität. Der italienische Innenminister traf daher eine Vereinbarung mit Libyens Milizen, die jeweils eine Region kontrollieren und um Einfluss kämpfen. Schon im Februar 2017 war ein Memorandum unterzeichnet worden, das es der italienischen Marine erlaubte, libysche Hoheitsgewässer zu befahren, eine Vereinbarung, die nach der Zustimmung des libyschen Verfassungsgerichts im Juli abgeschlossen wurde. Teil dieser Strategie war die Ausrüstung der Küstenwache und deren Training, zugleich wurde die Einrichtung von Aufnahmelagern geplant, die unter Aufsicht des UN-Flüchtlingshilfswerks (UNHCR) stehen und Asylanträge prüfen sollen.

Europa und Italien finanzieren Milizen, die praktisch die Infrastruktur des Landes kontrollieren (Postwesen, Telekommunikation, Banken, Küstenwache etc.) und von Schmuggel (besonders Öl), Entführungen, Drogen- und Waffenhandel

---

26 Vgl. Friese, *Flüchtlinge* (wie Anm. 4) 61–62.
27 Council of the European Union, *Malta Declaration by the members of the European Council on the external aspects of migration*: addressing the Central Mediterranean route, 3.2.2017, Pressrelease 43/17, online unter: http://www.consilium.europa.eu/en/press/press-releases/2017/01/03-malta-declaration/ (3.2.2017).

und bislang auch von der Organisation von Grenzübertritten leben. In diesen Regionen – auch in der Grenzregion Tunesiens – war und ist Schmuggel ein zentraler wirtschaftlicher Faktor und sorgt für Einkommen.[28] Während der Ölschmuggel weiterhin lukrativ bleibt (und geschmuggeltes Öl nicht nur nach Malta, sondern auch in italienische Häfen gelangt), so hat sich ein weiteres Geschäftsfeld aufgetan. Es steht zu vermuten, dass erhebliche Geldsummen fliessen, damit keine Boote mehr in See stechen, und damit etabliert sich auch das Lager als neues Geschäftsfeld. Tatsächlich ist die Anzahl derjenigen, die es nach Sizilien schaffen, im Vergleich zum Sommer 2016 erheblich gesunken.[29] Der Bericht des Sicherheitsrats schildert detailliert die Netzwerke der Milizen, die – das darf hier nicht vergessen werden – gerade das Öl- und Gasgeschäft kontrollieren. Auch hier hat Italien gewichtige Interessen an der Stabilisierung Libyens, ist der Energiekonzern *Eni North Africa* doch durch Exploration & Production Sharing Agreements (EPSA) der libyschen *National Oil Company* (NOC) verbunden.

Die *Passeure* und ihre Infrastruktur werden nun nicht mehr von den Kunden bezahlt, die von der «legalen» Möglichkeit zu Mobilität ausgeschlossen sind, sondern von Europa. Auf diese Weise befördert die EU die mittlerweile entstandene Migrationsindustrie[30], die Bewaffnung von Milizen und Warlords in *failed states*.

Auch im Sudan, der auf der Route von Menschen liegt, die aus Eritrea und Somalia nach Ägypten und Libyen fliehen, wird diese Strategie verfolgt. Der Plan der EU besteht darin, die Kapazitäten der Sicherheits- und Strafverfolgungsbehörden des Sudans aufzubauen, darunter eine paramilitärische Gruppe, die als erste «Grenztruppe» des Sudans gebrandmarkt wurde. Ferner unterstützt die EU

---

28 Der Bericht des Sicherheitsrats der UN macht dies deutlich: «The political crisis has been further exacerbated by escalating armed conflict. In spite of the liberation of Sirte and segments of Benghazi from Islamic State in Iraq and the Levant, the overall security situation in Libya has deteriorated. Indicative of the insecurity is the growing competition in Tripoli between Misratah- and Tripoli- affiliated armed groups, which has undermined the authority of the Presidency Council and threatened the safety of the capital's residents.» (United Nations, Security Council, 1st June 2017, S/2017/466.
Final report of the Panel of Experts on Libya established pursuant to resolution 1973 (2011), S/2017/466, summary, 2, online unter: http://reliefweb.int/sites/reliefweb.int/files/resources/N1711623.pdf (29.12.2017).

29 Maggie MICHAEL, *Backed by Italy*, Lybia enlists militias to stop migrants, Associated Press vom 29.8.2017, online unter: https://www.apnews.com/9e808574a4d04eb38fa8c688d110a23d/Backed-by-Italy,-Libya-enlists-militias-to-stop-migrants (29.12.2017).

30 Heidrun FRIESE, *Border Economies*. Lampedusa and the Nascent Migration Industry, in: Shima: The International Journal of Research Into Island Cultures, Special issue on Detention Islands 6 (2012) H. 2, 66–84, online unter: http://shimajournal.org/issues/v6n2/h.-Friese-Border-Economies-v6n2-66-84.pdf (29.12.2017).

den Sudan beim Bau von zwei Lagern mit Hafteinrichtungen für Migranten und mit sicherheitstechnischer Infrastruktur zur Registrierung von Flüchtlingen.[31]

Die EU und die Staaten Europas lassen es sich allerhand kosten, mobile Menschen von ihrem Territorium fernzuhalten, dramatische Bilder von im Mittelmeer Ertrinkenden zu vermeiden, die Abschottungspolitiken gegen die Unerwünschten aus den ehemaligen Kolonien zu verstärken und die Regime zu stärken, vor denen Menschen flüchten. Die neokolonialen Beziehungen zu den Potentaten Afrikas führen dazu, dass die Routen sich ständig verschieben und immer gefährlicher werden. So werden die Wasserstellen auf der Route im Niger mittlerweile von Militär bewacht. Die Verdursteten, die Toten an den in die Wüste verschobenen Grenzen Europas sieht man nicht. Unserer Aufmerksamkeit entzogen, sind sie nicht einmal Opfer. Mit dem Philosophen Mbembé können diese Politiken «Necropolitics» genannt werden.[32] Tatsächlich bestimmt Souveränität nicht nur über den Ausnahmezustand, den permanenten Ausnahmezustand, in dem ein Grossteil der Menschheit zu leben gezwungen wird. Sie bestimmt auch über Leben und Tod. Die Grenzen Europas und die Grenzen der Gastfreundschaft haben die Macht, «sterben zu lassen».[33]

Mobilität fordert die Demokratie heraus. Sie verweist auf das «Paradox der Demokratie»[34], nämlich den genuin undemokratischen Moment, in dem eine politische Gemeinschaft sich als solche konstituiert und damit andere, die ihr nicht zugehörig sind, immer schon ausschliesst. Andere werden von demokratischer Deliberation ausgeschlossen, sie werden von Mobilität ausgeschlossen, sie gehören nicht dazu.

Die Forderungen nach Souveränität und die Macht, über Leben und Tod zu bestimmen, die Forderungen nach Grenzen, Mauern und Stacheldraht zur Abwehr derjenigen, die nicht zählen, schliesst einen Grossteil der Menschen von den Menschenrechten und von Ansprüchen auf Gleichheit und Zugehörigkeit aus. Zugleich ist – und darauf hat bereits Hannah Arendt hingewiesen – Gleichheit,

«[…] uns nicht gegeben, sondern wird durch eine vom Prinzip der Gerechtigkeit geleitete menschliche Organisation produziert. Als Gleiche sind wir nicht

---

31 Suliman Baldo, *Border Control From Hell*. How the EU's Migration Partnership Legitimizes Sudan's ‹Militia State›, online unter: https://enoughproject.org/files/BorderControl_April2017_Enough_Finals.pdf (1.9.2017).

32 Vgl. Joseph-Achille Mbembé, *Necropolitics* (übers. v. Libby Meintjes), in: Public Culture 15 (2003) 11–40, online unter: https://doi.org/10.1215/08992363-15-1-11 (29.12.2017).

33 Vgl. Michel Foucault, *In Verteidigung der Gesellschaft*. Vorlesungen am Collège de France (1975–76). Frankfurt a. M. 2001, 291. Und: Friese, *Flüchtlinge* (wie Anm. 4) 36.

34 Vgl. Chantal Mouffe, *Das demokratische Paradox* (übers. v. Oliver Marchart), Wien/Berlin 2013.

geboren, Gleiche werden wir als Mitglieder einer Gruppe erst kraft unserer Entscheidung, uns gegenseitig gleiche Rechte zu garantieren.»[35]

In diesem Sinne hat der Geflüchtete keine Rechte, sondern in Arendts bekannter Formulierung vielmehr das «Recht, Rechte zu haben», also das Recht, zu einer Gemeinschaft zu gehören. Das Recht auf Rechte ist das Recht auf Mitgliedschaft, das Recht darauf, Anteil zu haben, zu zählen, Mitglied eines Gemeinwesens und so erst Mensch zu sein. Ein Gemeinwesen, das dies negiert, spricht sich letztendlich selbst das Menschsein ab.[36]

Halten wir fest: Ein Teil der öffentlichen Meinung fordert – selbst wenn sie sich nicht explizit menschenfeindlich und rassistisch äussert – Todespolitiken, Ausgrenzung und (neo)koloniale Verhältnisse. Ethische und rechtliche Aspekte treten in den Hintergrund zugunsten der Verteidigung von Wohlstand und Privileg. Politik soll deutlich machen, wer nicht dazugehört, ja letztlich, wer als «wasted live»[37] nicht zur menschlichen Gemeinschaft zählt.

«Gastfreundschaft» stellt die Frage nach der Aufnahme von anderen und – so besehen – die politische und ethische Frage, wie wir zusammenleben wollen. Sie stellt auch die Frage nach Zugehörigkeit zu einer Gemeinschaft. Hostilität und Ungastlichkeit jedoch untergraben das Gemeinwesen. Mit seiner Ausgrenzungspolitik untergräbt Europa die Grundlagen des Zusammenlebens und damit sich selbst.

---

35 Hannah ARENDT, *Es gibt nur ein einziges Menschenrecht*, in: Die Wandlung 4 (1949) 754–770, 764, online unter: http://www.hannaharendt.net/index.php/han/article/viewFile/154/273 (29.12.2017).

36 Vgl. Christoph MENKE, *Zurück zu Hannah Arendt – die Flüchtlinge und die Krise der Menschenrechte*, in: Merkur 70 (2016) H. 806, 49–58 (volltext.merkur-zeitschrift.de) (26.12.2016).

37 Vgl. BAUMAN, *Wasted Lives* (wie Anm. 2).

Gast, Touristin, Bürgerin

CHOEDON ARYA

Manchmal bin ich Gast, manchmal Touristin und manchmal ständige Bürgerin. Meine Gefühle ändern sich ständig, je nach dem, welche Menschen ich treffe.

Ich bin seit vier Jahren in der Schweiz. Zuerst kam sie mir sauber, friedlich und schön vor, so wie der Tibet. Ich bedaure es sehr, dass ich den Tibet verlassen musste und nicht mehr zurückkehren kann. Aber im Tibet ist es nicht so friedlich, wie China in der Regel der Aussenwelt glaubhaft machen möchte. China beherrscht unsere Kultur und unterdrückt die Tibeter. Die beiden Länder sehen zwar landschaftlich ähnlich aus, aber im Tibet kann man nicht frei leben.

Ich bin glücklich, hier viele liebenswerte Leute aus verschiedenen Teilen der Welt und besonders auch Schweizerinnen und Schweizer kennengelernt zu haben. Meine Vorstellung war, dass alle Schweizer sympathisch und friedliche Menschen seien. Aber einige meiner Freunde sagten mir, dass nicht alle so sind. Wenn man sie wirklich besser kennenlernt oder mit ihnen zusammenarbeitet, macht man die Erfahrung, dass es gute und schlechte Leute gibt, wie in jeder Ecke der Welt.

Ich habe während dieser vier Jahre vieles gelernt. Die ersten paar Monate kämpfte ich oft mit der Sprache. Die Deutschschweizer sprechen normalerweise nicht die Sprache, die wir in der Deutschklasse lernen. Sie sprechen ihren Dialekt, Schweizerdeutsch. Ich war verwirrt und verloren. Im Supermarkt antwortet das Personal auf Englisch, wenn man die Sprache noch nicht gut spricht. Mich ärgert das, Englisch statt Deutsch sprechen zu müssen, nur weil die Leute denken, ich sei eine Touristin.

Ab dem zweiten Jahr begann ich zu merken, dass der Umgang mit den Menschen nicht immer so einfach ist, wie ich annahm. Leute helfen einem nicht umsonst. Sie sind sehr kalkulierend. Ich erkannte, dass ich mich selber ändern musste. Als Tibeter hören wir auf Seine Heiligkeit, den Dalai Lama. Wir befolgen seine Gebote und hören auf seine Weisheit. Wir achten sein Mitgefühl gegenüber allen Lebewesen. Aber was ist, wenn Menschen andere Menschen ausnützen und versuchen, sie zu beherrschen?

Ich habe immer noch ein tibetisches Herz in mir. Wann immer ich Leute sehe, die Hilfe brauchen, fühle ich mich verpflichtet, ihnen zu helfen. So traf ich eine obdachlose Frau, die mich um zehn Franken bat. Zuerst lehnte ich ihre Bitte ab, schliesslich lag sie da und arbeitete nichts. Dann erkannte ich, dass sie die Wahrheit sagte, als sie mir erzählte, sie habe seit dem Morgen nicht mehr gegessen. Ausserdem konnte ich in ihren Augen Schmerzen erkennen. Als ich ihr erklärte, dass ich selber ein tibetischer Flüchtling sei und nicht so viel Geld hätte, war sie überrascht und segnete mich. Nach dieser Begegnung fühlte ich mich so glücklich und stolz: Ich bin selbst ein Flüchtling, kann aber trotzdem anderen Menschen helfen. Man meint immer, die Schweiz sei ein sehr reiches Land. Aber es gibt auch hier viele Leute, die wirklich arm sind.

Die Schweizer Bahnen sind immer pünktlich. Das schätze ich sehr. Aber die Passagiere sind oft unfreundlich und gestresst. Lange Zeit kam es mir wie im Gefängnis vor, wenn ich im Zug fuhr. Inzwischen habe ich mich daran gewöhnt. Manchmal denke ich, ich bin Schweizerin geworden. Trotzdem, es gibt seltsame Erlebnisse im Zug. Einmal begegnete ich einer Frau, die einen starken Hustenreiz hatte und ständig husten musste. Die mitfahrenden Passagiere reagierten sehr gereizt auf sie. Ich war schockiert, wie kalt Menschen sein können. Anstatt sich zu erbarmen, ärgerten sie sich und wurden wütend. Dabei hätte ich der betroffenen Frau gerne ein Pfefferminzbonbon oder ein Vicks gegeben, aber ich befürchtete, dass sie es ablehnen könnte. Deshalb habe ich Angst, selber erkältet zu sein.

Auch Kondukteure können sehr unfreundlich sein. Viele Flüchtlinge machen schlechte Erfahrungen mit ihnen, weil sie nicht immer alle Vorschriften kennen. Zum Beispiel, dass man einen Nachtzuschlag bezahlen muss. Das führt dazu, dass Migrantinnen und Migranten in Situationen geraten, bei denen sie eine Busse zahlen müssen. Auch mir ist das schon passiert. Zwar hatte ich ein Ticket gekauft. Ich fuhr bloss eine ganz kurze Strecke und stand in der Nähe der Tür zur ersten Klasse. Der Kondukteur verlangte von mir eine Busse von 75 Franken und war sehr unhöflich, als ich versuchte, ihm die Situation zu erklären. Ich bin heute noch wütend auf ihn.

Manchmal sind es aber auch ältere Flüchtlinge, die versuchen, Neuankömmlinge zu schikanieren. Zum Beispiel wollte uns in unserem Haus eine benachbarte albanische Familie immer beherrschen, als wir hier neu einzogen. Zuerst nahmen wir an, dass es sich um Schweizer handelte, da sie fast gleich aussahen. Dann erfuhren wir, dass sie Albaner waren. Anstatt uns zu helfen, begannen sie wegen Kleinigkeiten ständig Streit mit uns.

Besonders schwer haben es Sans-Papiers. Einige meiner Freunde leben unter wirklich miserablen Bedingungen. Zum Beispiel hatten sie in ihrem Flüchtlingsheim Bettwanzen und bekamen alte Lebensmittel mit Würmern. Sie müssen in den Notunterkünften harte Zeiten durchmachen, leben teilweise unter dem Boden mit vielen anderen Menschen zusammen ohne richtige Ventilation und sind verpflichtet, sich jeden Morgen und Abend zu registrieren.

Es gibt ungefähr 600 Tibeter, die Sans-Papiers sind. Sie können nicht in ihre Heimat zurück. Wieso anerkennt die Schweiz diese Sans-Papiers nicht? Die meisten von ihnen sind der Schweiz gegenüber positiv eingestellt und möchten hier arbeiten. Viele meiner Schweizer Freunde sagen das auch. Wir verstehen diese Politik gar nicht.

Leider sprechen Migrantinnen und Migranten selber meistens positiv über die Schweiz, wenn sie darauf angesprochen werden, und äussern sich nie kritisch. Die meisten von ihnen haben Angst, offen zu reden. Aber wenn wir die Wahrheit nicht sagen, können wir auch die Probleme nicht lösen. Gerne würde ich zu einer besseren Welt beitragen, in der es keine riesigen Gräben zwischen Armen und Reichen gibt.

Gott, wenn ich bloss die Macht hätte, alle diese Probleme zu lösen!

Hermeneutik der interreligiösen Gastfreundschaft
Zur Begegnung mit Gästen aus anderen Religionen im eigenen theologischen Nachdenken

Miriam Schneider

1. Einleitung

Die Frage nach positiven interreligiösen Begegnungsmöglichkeiten hat neue Formen im Diskurs um interreligiöse Beziehungen hervorgebracht; eines dieser Modelle ist die interreligiöse Gastfreundschaft.[1] Der Schock und die Verunsicherung, ausgelöst unter anderem durch die Anschläge vom 11. September 2001, haben den Wert des interreligiösen Dialogs in Frage gestellt, aber auch neue Kräfte freigesetzt. Spätestens seit 2005 konnte sich das Modell der Gastfreundschaft als eine Form der Beziehung im Bereich der interreligiösen Begegnung neben dem interreligiösen Dialog etablieren.

Gastfreundschaft wird als Tugend verstanden, die viele religiöse Traditionen teilen und die einen bestimmten Stellenwert in den unterschiedlichen Religionen einnimmt. Wichtig aber ist es anzuerkennen, dass die verschiedenen Religionen unterschiedliche Quellen der Gastfreundschaft kennen.[2] So wird im Christentum Gastfreundschaft biblisch begründet, wobei auch das Judentum und der Islam beispielsweise die Geschichte Abrahams erzählen. Die Bibel kennt zwei unterschiedliche Dimensionen der Gastfreundschaft: einerseits die Menschen als Gäste Gottes, des Gottes der Schöpfung, andererseits die Menschen als Gastgeberinnen und Gastgeber Jesu Christi.

Dieser Beitrag diskutiert zuerst Gastfreundschaft als gelebte Form der Beziehung im interreligiösen Kontext, um dann zu erläutern, was unter einer Hermeneutik der interreligiösen Gastfreundschaft zu verstehen ist. Eine der wichtigsten Autorinnen im Bereich der interreligiösen Gastfreundschaft, zusammen mit

---

1 Emile Beneveniste, *Indoeuropäische Institutionen*. Wortschatz, Geschichte, Funktionen, Frankfurt a. M./New York 1993, erläutert Herkunft und Bedeutung des Begriffs Gastfreundschaft.

2 Richard Kearney/James Taylor, *Introduction*, in: dies. (Hg.), *Hosting the Stranger*. Between Religions, New York 2011, 1–8.

Marianne Moyaert, ist die römisch-katholische Theologin Catherine Cornille. Gastfreundschaft ist bei Cornille eine von fünf Voraussetzungen für den interreligiösen Dialog.[3] Ausserdem spricht sie von Chancen und Grenzen der interreligiösen Gastfreundschaft, die sie auf verschiedenen Ebenen festmacht.[4]

2. Gelebte interreligiöse Gastfreundschaft

Die Begegnung mit Angehörigen anderer Religionen durch die gelebte Gastfreundschaft kann einerseits eine grosse Bereicherung sowohl für die Gäste wie für die Gastgeberinnen und Gastgeber sein. Andererseits besteht für beide beteiligten Parteien auch ein gewisses Risiko. Chancen und Grenzen der Gastfreundschaft können auf drei Ebenen festgestellt werden: auf der Ebene der Gastfreundschaft zu Hause, auf der Ebene der rituellen Gastfreundschaft und auf der Ebene der doktrinellen Gastfreundschaft.[5]

Interreligiöse Gastfreundschaft zu Hause meint, Angehörige einer anderen Religion bei sich zu Hause willkommen zu heissen, um gegenseitiges Vertrauen zu schaffen, beispielsweise durch gemeinsames Essen oder indem der Raum miteinander geteilt wird. In diesem privaten Rahmen lernen Gäste und Gastgebende den jeweils persönlichen Glauben der anderen kennen. Die Grenzen der Gastfreundschaft zu Hause zeigen sich dort, wo religiöse Symbole einen Gast irritieren oder gar verletzen. Als Gastgeberin entferne ich meine religiösen Symbole in meinem Zuhause nicht, und ich verzichte ebenso wenig auf meine religiösen Handlungen.[6] Echte Gastfreundschaft verlangt von beiden Partnern die Offenheit für den anderen. Offenheit und Ehrlichkeit können aber auch zu Konfrontation oder Verletzung führen. Auch wenn man versucht, Symbole zu erklären oder neu zu interpretieren, kann man schlechte Erfahrungen nicht ausschliessen oder verleugnen, dass religiöse Symbole religiöse Gruppen trennen.[7] Eine weitere Herausforderung stellt sich in der Frage, wer sich wem anpassen soll. Soll der Gast bei allen religiösen Riten soweit als möglich mitmachen? Soll die gastge-

---

3   Vgl. Catherine CORNILLE, *The (Im-)Possibility of interreligious Dialogue*, New York 2008.

4   Catherine CORNILLE, *Interreligious Hospitality and its Limits*, in: Richard KEARNEY/James TAY-LOR (Hg.), *Hosting the Stranger. Between Religions*, New York 2011, 35–42. Cornille erwähnt in diesem Artikel neben sich selbst Martin Marty, Paul Ricœur und Amos Yong als Forschende der interreligiösen Gastfreundschaft im Bereich von Theologie der Religionen und Interreligious Studies.

5   CORNILLE, *(Im-)Possibility* (wie Anm. 3) 36.

6   Martin MARTY, *When Faiths Collide*, Oxford 2005, 128–129.

7   CORNILLE, *(Im-)Possibility* (wie Anm. 3) 37.

bende Person an möglichst vielen religiösen Riten des Gastes teilnehmen? Es müssen sich alle Beteiligten auf Kompromisse einlassen, damit sich die entstandenen Spannungen auch als fruchtbar erweisen können und das gegenseitige Verständnis und Solidarität fördern.[8]

Bei der *rituellen Gastfreundschaft* lädt eine religiöse Gemeinschaft eine andere zu sich in den sakralen Raum ein, in dem die gastgebende Seite ihre religiösen Rituale vollzieht. Bei dieser Form der Gastfreundschaft können die Gäste echtes Interesse an der Religion der Gastgeber zum Ausdruck bringen. Die empfangende Seite wiederum kann den Gästen ihren intimsten und persönlichsten Aspekt ihres Glaubens, nämlich ihre Rituale, zeigen. In der Regel sind religiöse Gebäude für Andersgläubige zugänglich und dürfen von ihnen besucht werden. Grenzen der rituellen Gastfreundschaft können aber dort gezogen werden, wo Angehörige anderer Religionen mitfeiern möchten. Während bei einigen religiösen Ritualen Gäste willkommen sind, gibt es andere, an denen nur Mitglieder teilnehmen dürfen. Es kann aber auch für die Gäste eine grosse Herausforderung sein, an einem religiösen Ritual einer fremden Religion teilzunehmen, da sie dies oft als Verrat gegenüber dem eigenen Glauben empfinden.[9]

Die dritte Ebene der interreligiösen Gastfreundschaft ist die *doktrinelle Gastfreundschaft*. Damit meint Cornille, den religiösen Glauben des anderen im eigenen Prozess des religiösen Nachdenkens aufzunehmen und willkommenzuheissen. Diese Form der Gastfreundschaft entsteht weniger zwischen Menschen, sondern vielmehr zwischen religiösen Glaubenssystemen. Sie setzt eine Offenheit gegenüber anderen Religionen voraus und versetzt einen gleichzeitig in die Rolle des Gastes und der Gastgeberin. Gast werden in der Religion des anderen heisst, vom religiösen Glauben des anderen lernen zu wollen. Darin liegt auch die Herausforderung der doktrinellen Gastfreundschaft, da sich die meisten Religionen als vollständig, abgeschlossen und im Besitz der Wahrheit betrachten. Die Idee, Wahrheit könne es auch ausserhalb der eigenen Religion geben, wird vom religionstheologischen Exklusivismus abgelehnt. Eine doktrinelle Gastfreundschaft scheint für diese Position nicht in Frage zu kommen. Cornille folgert daraus, die doktrinelle Gastfreundschaft setze ein Umdenken im Wahrheitsverständnis der religiösen Tradition voraus.[10]

Cornilles Überlegungen zu den Ebenen der interreligiösen Gastfreundschaft machen bereits deutlich, dass es von der gelebten Gastfreundschaft zur Hermeneutik der interreligiösen Gastfreundschaft kein weiter Weg ist. Hermeneutik im

---

8 Cornille, *(Im-)Possibility* (wie Anm. 3) 38.

9 Cornille, *(Im-)Possibility* (wie Anm. 3) 38–40.

10 Cornille, *(Im-)Possibility* (wie Anm. 3) 40–42.

interreligiösen Kontext wird mit Reinhold Bernhardt verstanden «als Analyse des Begegnungsgeschehens»[11] und umfasst weit mehr als den Versuch, den religiös Anderen verstehen zu wollen.

3. Hermeneutik der interreligiösen Gastfreundschaft

Nicht nur die gegenwärtige Forschung der Theologie und der interreligiösen Studien beschäftigt sich mit der interreligiösen Gastfreundschaft und der Hermeneutik, die sich daraus ableiten lässt. Auch die Kirchen halten diesen Zugang zum interreligiösen Weiterdenken für fruchtbar. Ein gutes Beispiel dafür ist der Ökumenische Rat der Kirchen (ÖRK), der sich schon lange mit der Frage beschäftigt, was die Tatsache für das Christentum bedeutet, dass es andere Religionen gibt. Dem ÖRK gehören weltweit sehr viele Kirchen an, die seine Publikationen vor Ort rezipieren können.

3.1 Hermeneutik der interreligiösen Gastfreundschaft
beim Ökumenischen Rat der Kirchen

So beschäftigte sich der ÖRK zu Beginn des dritten Jahrtausends mit Gastfreundschaft und interreligiösen Begegnungen. Sein Exekutivausschuss beauftragte die drei Kommissionen «Glaube und Kirchenverfassung», «Interreligiöse Beziehungen und Dialog» sowie «Mission und Evangelisation», sich gemeinsam mit dem Thema des religiösen Pluralismus auseinanderzusetzen. Als Ergebnis legten diese 2005 das Dokument «Religiöse Pluralität und Christliches Selbstverständnis» vor.

Es befasst sich aus christlicher Perspektive mit der Frage, wie eine Theologie der Religionen[12] aussehen könnte, und wählt «Gastfreundschaft» als hermeneutischen Schlüssel für den Einstig in die Diskussion.[13] Gastfreundschaft gegenüber dem religiös Anderen fängt bereits beim Glauben an den einen Gott an, den Schöpfer *aller* Menschen. Mit der Fleischwerdung Gottes in Jesus Christus bringt Gott zum Ausdruck, dass «er die Menschheit in ihrem Anderssein und ihrer Ent-

---

11 Reinhold Bernhardt, *Ende des Dialogs?* Die Begegnung der Religionen und ihre theologische Reflexion (Beiträge zu einer Theologie der Religionen 2), Zürich 2005, 82–83.

12 Christian Danz, *Einführung in die Theologie der Religionen*, Münster 2005: Die Theologie der Religionen stelle «die theoretische Frage nach einem angemessenen Umgang mit den Geltungsansprüchen der nichtchristlichen Religionen sowie den vielfältigen Formen moderner Religiosität» in den Mittelpunkt ihres Interesses (S. 12).

13 Ökumenischer Rat der Kirchen, *Religiöser Pluralismus und Christliches Selbstverständnis*, Genf 2005, Abs. 26.

fremdung angenommen hat»[14]. Durch das Angenommensein der Menschheit durch Jesus Christus wird Gott zum Gastgeber, und die Menschen werden zu seinen Gästen. «Diese in Jesus Christus offenbarte Gnade Gottes ruft uns in unserer Beziehung zu anderen zu einer Haltung der Gastfreundschaft.»[15]

Diese Passagen machen deutlich, dass Gastfreundschaft in der christlichen Tradition als gegenseitiges Beziehungsgeschehen zu verstehen ist. Die Menschen sind Gäste in der Schöpfung Gottes durch Jesus Christus, und gleichzeitig werden sie zu Gastgebenden, indem sie Jesus Christus als Gast aufnehmen. Weiter heisst es: «Die Bibel versteht Gastfreundschaft hauptsächlich als radikale Offenheit gegenüber anderen, die auf dem Bekenntnis zur Würde aller Menschen beruht.»[16] Das Dokument leitet aus den biblischen Quellen eine Hermeneutik der interreligiösen Gastfreundschaft ab und fordert dadurch Christinnen und Christen dazu auf, gastfreundlich zu sein, denn: «[U]nsere Bereitschaft, Andere in ihrem ‹Anderssein› zu akzeptieren, ist das Markenzeichen wahrer Gastfreundschaft.»[17]

Der anglikanische Theologe Alan Race nimmt Stellung zu dem Dokument und lobt den ÖRK für dessen Weitsicht, die drei oben genannten Kommissionen zusammenarbeiten zu lassen und sich mit dem religiösen Pluralismus auseinanderzusetzen. Den Fokus auf das Thema Gastfreundschaft zu lenken, hält Race für genial. In seinen Augen führt dieser Zugang weg von der bekannten Debatte zwischen christlicher Einzigartigkeit und dem Pluralismus. Gleichzeitig könnte der hermeneutische Schlüssel «Gastfreundschaft» auch als Strategie verstanden werden, um der Entscheidung zwischen Mission und Dialog auszuweichen.[18] Gastfreundschaft versteht Race als ethische Kategorie, die zur Beziehung ermutigt und daher eher dialogisch als missionarisch ist.[19] Allerdings müssen Mission und Dialog nicht unbedingt Gegenspieler sein.[20] Vielmehr bereichern sie einander gegenseitig und ermöglichen zusammen eine Grundlage in der Theologie der Religionen mit dem Ziel, eine neue Beziehung hervorzubringen. Die Mission muss einerseits ihre Vorstellung aufgeben, eine Religion könne hinsichtlich der Erfahrung und Einsicht anderen Religionen überlegen sein. Andererseits muss der Dialog sich von der Annahme distanzieren, alle Religionen seien eine Variante des gleichen Themas. Die Hauptaufgabe der Mission ist es laut Race, religiöse Identität zu schaffen, in der Dialog wachsen kann. Dialog und Gastfreundschaft ihrer-

---

14 ÖRK, *Religiöser Pluralismus* (wie Anm. 13), Abs. 28.
15 ÖRK, *Religiöser Pluralismus* (wie Anm. 13), Abs. 29.
16 ÖRK, *Religiöser Pluralismus* (wie Anm. 13), Abs. 31.
17 ÖRK, *Religiöser Pluralismus* (wie Anm. 13), Abs. 36.
18 Alan RACE, *Hospitality is good, but how far can it go?*, in: Current Dialogue 46 (2005) 4–8.
19 RACE, *Hospitality* (wie Anm. 18) 5.
20 Ebd.

seits werden zum neuen Kontext, in dem Mission gegenseitigen Respekt lernen kann.[21] Abschliessend hält Race fest, dass eine Theologie des religiösen Pluralismus, die die grossen Religionen in gegenseitiger Kritik und Bereicherung anerkennt, die Theologie der Gastfreundschaft aufrichtig hält.[22]

3.2 Hermeneutik der interreligiösen Gastfreundschaft in der Forschung

Die römisch-katholische Theologin Marianne Moyaert entwickelt aus der Theologie der Religionen und anhand der sprachlichen Gastfreundschaft bei Paul Ricœur eine Hermeneutik der interreligiösen Gastfreundschaft.[23] Die Religionstheologie, deren klassisches Dreierschema Exklusivismus, Inklusivismus und Pluralismus auf Alan Race[24] zurück geht, wird seit einigen Jahren um den Partikularismus ergänzt. Dieser postmoderne Zugang, der mit George Lindbecks kulturell-linguistischem Ansatz begründet wird[25], gilt als Antwort auf die Kritik am liberalen Pluralismus. Die beiden Positionen scheinen sich insofern entgegenzustehen, als dass der liberale Pluralismus eine radikale Offenheit fordert und der post-liberale Partikularismus eine radikale Verschiedenheit.[26] Moyaert will diese Divergenz mit Paul Ricœur überwinden.[27]

Ricœur beschäftigt sich mit der Sprachenvielfalt und der Frage, inwieweit Sprachen übersetzt werden können. Zwar ist das Übersetzen nach seiner Auffassung möglich, doch müssen wir uns von dem Ideal der perfekten Übersetzung verabschieden.[28] Die Aufgabe, die sich im Umgang mit fremden Sprachen stellt, ist nicht nur, sie zu übersetzen, um den oder die andere/n zu verstehen, sondern sie zu einer sprachlichen Gastfreundschaft zu erweitern. Aber wie genau kommt man vom Übersetzen einer Sprache zu einer sprachlichen Gastfreundschaft, und wie kann diese für den interreligiösen Dialog fruchtbar gemacht werden?

---

21 RACE, *Hospitality* (wie Anm. 18) 8.

22 Ebd.

23 Marianne MOYAERT, *In Response to the Religious Other*. Ricœur and the Fragility of Interreligious Encounters, Lanham, London 2014.

24 Vgl. Alan RACE, *Christians and religious Pluralism*. Patterns in the christian Theology of Religions. London 1983.

25 Vgl. George LINDBECK, *The Nature of Doctrine*. Religion and Theology in a Postliberal Age. Philadelphia 1984.

26 MOYAERT, *In Response* (wie Anm. 23) 121, und Paul HEDGES, *Controversies in Interreligious Dialogue and the Theology of Religions*, London 2010, 146.

27 MOYAERT, *In Response* (wie Anm. 23) 121.

28 Paul RICŒUR, *Vom Übersetzen*. Herausforderung und Glück des Übersetzens. Aus dem Französischen von Till Bardoux, Berlin 2017, 14.

Es sind drei Schritte, die Moyaert vollzieht, anhand derer deutlich wird, dass Ricœurs Überlegungen nicht nur für das Übersetzen von natürlichen Sprachen relevant sind, sondern auch für den interreligiösen Dialog. Erstens gibt es gewisse Analogien in der Herausforderung zwischen dem Übersetzen von Sprache und dem interreligiösen Dialog, weil auch in der linguistischen Übersetzung eine Spannung zwischen Identität und Offenheit auf dem Spiel steht.[29] Die Gastfreundschaft will diese Spannung auflösen. Zweitens beschränkt Ricœur das Übersetzen nicht auf den engeren Sinn, also das Übersetzen der natürlichen Sprache, sondern schlägt vor, das Übersetzen auch als Modell für eine Hermeneutik zu nutzen.[30] Gleichzeitig plädiert er für eine sprachliche Gastfreundschaft. Darunter versteht Ricœur, die Sprache des anderen zu bewohnen und ihn in der eigenen Sprache willkommenzuheissen.[31] Die sprachliche Gastfreundschaft ist mit der hermeneutischen Gastfreundschaft vergleichbar.[32] Drittens schlägt Ricœur die sprachliche Gastfreundschaft als ein Modell für den interreligiösen Dialog vor.[33]

Wer übersetzt, steht in einem ständigen Loyalitätskonflikt. Man will sowohl der eigenen Sprache (Gastgebersprache) wie auch der fremden Sprache (Gastsprache) gerecht werden. Ebendiese Spannung kennt auch der interreligiöse Dialog. Am Dialog Teilnehmende sehen sich immer wieder mit der Frage konfrontiert, wie sie der eigenen religiösen Tradition, der eigenen Sprache, gerecht werden und sich gleichzeitig dem religiös Anderen ernsthaft öffnen können.[34] Die beiden religionstheologischen Positionen Pluralismus und Partikularismus sehen das religiös Andere als Problem, weil die Bewahrung der eigenen Identität und das Sich-Öffnen gegenüber dem religiös Anderen eine permanente Spannung kreiert. Diese Spannung wird auf zwei Arten gelöst: Der Pluralismus tut dies, indem er das religiös Andere mit dem Eigenen gleich einstuft, damit keine Gefahr mehr von ihm ausgeht. Der Partikularismus hingegen erklärt das religiös Andere als ungleich und fremd, um sich davon zu distanzieren.[35] Kritische Stimmen werfen dem Partikularismus vor, dass er den Glauben und die religiöse Handlung als voneinander getrenntes Inneres und Äusseres unterscheidet. Symbole, Rituale etc. dienen ihm zufolge dazu, mit der letztgültigen Wirklichkeit in Kontakt zu kommen. Ist dies erreicht, sind diese spezifischen Symbole und Rituale aber austausch- und ersetzbar. Dem wird jedoch entgegengehalten, dass eine Trennung der religiösen Erfah-

---

29 Moyaert, *In Response* (wie Anm. 23) 121–122.

30 Ebd.

31 Ricœur, *Vom Übersetzen* (wie Anm. 28) 17–18.

32 Moyaert, *In Response* (wie Anm. 23) 121–122.

33 Ebd.

34 Moyaert, *In Response* (wie Anm. 23) 146.

35 Moyaert, *In Response* (wie Anm. 23) 134.

rung von der konkreten religiösen Handlung nicht möglich sei. Wenn Religion als Sprache verstanden wird, dann setzt religiöse Erfahrung sprachlichen Ausdruck voraus.[36] Eine konkrete oder partikulare religiöse Erfahrung setzt eine konkrete Sprache bzw. religiöse Symbolhandlung voraus.

Moyaert spricht bei dieser sprachlichen Gastfreundschaft von einer hermeneutischen Gastfreundschaft.[37] Paul Ricœur versteht das Übersetzen als hermeneutisches Modell. Jedes Übersetzen beinhaltet Aspekte eines Dialoges zwischen dem Selbst und dem Fremden und beansprucht ein Willkommenheissen des anderen.[38] Ebendieser dialogische Aspekt des Übersetzens gewährleistet, dass unterschiedliche sprachliche Gemeinschaften nicht einander gleichgemacht werden können. Sie können aber miteinander in Dialog treten und kommunizieren. Auch wenn der Austausch nicht perfekt ist und keine komplette Verständigung eintritt, ist es doch möglich zu kommunizieren.[39]

Ricœur leistet mit seinen Überlegungen und der Analogie zwischen Sprache und Religion einen wichtigen Beitrag zur interreligiösen Verständigung. Wo die Theologie der Religionen an ihre Grenzen kommt, baut er eine Brücke. Wenn Sprache verglichen wird mit Religion und sprachliche Gastfreundschaft mit hermeneutischer Gastfreundschaft, dann kann die Hermeneutik der interreligiösen Gastfreundschaft sowohl den gegenseitigen Austausch zwischen Menschen fördern, die unterschiedlichen Religionen angehören, wie auch das Nachdenken über die eigene religiöse Tradition bereichern.

---

36 MOYAERT, *In Response* (wie Anm. 23) 134–135.
37 MOYAERT, *In Response* (wie Anm. 23) 143.
38 Richard KEARNEY, Introduction: *Ricœur's Philosophy of Translation*, in: Paul RICŒUR, *On Translation*, übersetzt von Eileen Brennan, London 2006, xvii.
39 MOYAERT, *In Response* (wie Anm. 23) 144.

Recht

Gastrecht und Flüchtlingsvölkerrecht
Rechte und Pflichten von Flüchtlingen

Constantin Hruschka

1. Einleitung

Wenn wir heute über Gastfreundschaft sprechen, dann geht es oft um Flüchtlinge.[1] Bei anderen Personen kommen wir gar nicht auf die Idee, dass es ein Gastrecht geben könnte – beziehungsweise die Frage ist in der Rechtsordnung klar geregelt. Diese Regeln knüpfen an die Rechtmässigkeit des Aufenthalts an und folgen dem Prinzip, dass jeder Staat selbst entscheiden kann, wer auf seinem Territorium lebt und wer nicht. Das gesamte System der Vereinten Nationen beruht auf diesem Prinzip. Ein Recht auf globale Bewegungsfreiheit ist politisch-philosophisch[2] oder theologisch[3] zwar herleitbar, spielt aber praktisch in der Debatte keine Rolle.

Im römischen Recht gab es die Kategorie des Gastrechts, um zu definieren, welche Rechte Gäste haben. Ein Nichtrömer war generell rechtlos. Ohne das Gastrecht (*hospitium*), das generell nur Männern zukam, wäre er somit schutzlos gewesen. Das Gastrecht ist somit die ursprünglichste Form eines gegenseitigen Schutzverhältnisses und bestand aus einem «Anrecht auf freies Quartier und Geräth und freie Zehrung»[4]. Dieses Gastrecht wurde – so die weitgehend einhellige Meinung – mit der Schaffung von Wirtshäusern und Gasthöfen rechtlich

---

[1] Siehe in diesem Band beispielsweise die Beiträge von Walter Leimgruber, Heidrun Friese und Marc Spescha.

[2] Vgl. beispielsweise Andreas CASSEE, *Globale Bewegungsfreiheit*. Ein philosophisches Plädoyer für offene Grenzen, Berlin 2016, oder Martino MONA, *Das Recht auf Immigration*. Rechtsphilosophische Begründung eines originären Rechts auf Einwanderung im liberalen Staat, Basel 2007.

[3] Siehe in diesem Band auch die Beiträge von Samuel M. Behloul und Andreas Nufer.

[4] Vgl. dazu die grundlegende Schrift von Theodor MOMMSEN, *Römische Forschungen*, 1. Band, Berlin ²1864, insbesondere 319–390: «Das römische Gastrecht und die römische Clientel», 346.

überflüssig.[5] Gastrecht spielt daher nunmehr vor allem in der theologischen, der philosophischen und der politisch-öffentlichen Debatte eine Rolle.[6] Gastrecht ist demnach keine rechtliche Kategorie (mehr). Der bekannte Aphorismus

«Der Gast und sei er noch so schlecht, er wird geehrt, es ist sein Recht.»

gilt in der modernen Welt der Migrationskontrolle nicht mehr. Vielmehr verstärken sich Tendenzen, Personen, die Menschen helfen und sie gastfreundlich aufnehmen, potenziell sogar strafrechtlich zu belangen[7], wenn sie dazu beitragen, dass eine Person ohne Aufenthaltsrecht länger bleibt als vorgesehen. Das nennt sich rechtlich *Beihilfe zum illegalen Aufenthalt.*

Trotzdem gibt es Prinzipien, die sich durchgesetzt haben. In der Rechtsphilosophie haben liberale Philosophen immer wieder versucht ein Recht zu konstruieren, das auf dem Prinzip der Gastfreundschaft beruht. So hat Immanuel Kant in der Schrift «Zum ewigen Frieden» (1795) ein Weltbürgerrecht beruhend auf Hospitalität entworfen.[8] Dieses Gastrecht ist aber bei Weitem nicht universal und schon gar nicht dauerhaft, und es ist gebunden an rechtmässiges Verhalten. Diese Prinzipien hat John Rawls in seinen Schriften «Eine Theorie der Gerechtigkeit» (1971) und «Recht der Völker» (1999) aufgenommen und (eingegrenzt auf liberale Gesellschaften) weiterentwickelt. Letztlich beruht unser heutiges Migrationsrecht und damit auch das Recht, das einwandernde Personen in Anspruch nehmen können, auf dem Prinzip des Gastrechts, das sich im rechtlichen Kontext von einem individuellen Anrecht auf freie Unterkunft und Verpflegung zu einer Frage der grundlegenden Zulassung zum Aufenthalt (ohne Anspruch auf freie Unterkunft und Verpflegung) gewandelt hat.[9] Personen müssen entweder – wie beispielsweise Touristinnen und Touristen – für Unterkunft und Aufenthalt bezahlen oder ein weitergehendes Zugangs- und Aufenthaltsrecht haben, das sich aus dem

---

5 Vgl. dazu beispielsweise schon Ende des 18. Jahrhunderts: Georg Samuel Albert MELLIN, Art. *Gastrecht,* in: *Encyclopädisches Wörterbuch der kritischen Philosophie,* Jena/Leipzig 1799, 711: «Dieses Gastrecht war in jenen Zeiten durchaus nothwendig, wo man noch nichts von Wirthshäusern und Gasthöfen wusste».

6 Siehe dazu insbesondere den Beitrag von Heidrun Friese in diesem Band.

7 Siehe dazu die Beiträge von Anni Lanz und Amanda Ioset in diesem Band.

8 Siehe dazu in diesem Band auch die Ausführungen von Heidrun Friese.

9 Die Rückwirkungen dieser Rechtsordnung auf das Verhalten von Schweizerinnen und Schweizern und das Erleben der Schweiz durch die «Nicht-Gäste» werden in diesem Band unter anderem in den Beiträgen von Alekper Aliyev, Khusraw Mostafanejad, Choedon Arya, Hussein Mohammadi und Fana Asefaw eindrücklich beschrieben.

rechtlichen Rahmen auf internationaler, regionaler und nationaler Ebene ergibt. Dieser rechtliche Rahmen wird nachfolgend beschrieben und analysiert.

2. «Gäste» im Schengen-Raum

Im europäischen *Raum der Freiheit, der Sicherheit und des Rechts* («Schengen») dürfen sich bestimmte Personen frei bewegen. Diese Personen sind dann aber keine Gäste, sie haben ein Recht, unter bestimmten festgelegten Bedingungen für einen bestimmten Zeitraum zu bleiben.[10] Wenn sie sich nicht rechtstreu verhalten, müssen sie (ab einer gewissen Schwere der Tat) das Land wieder verlassen. In der Schweiz ist (mit der Umsetzung der sogenannten Ausschaffungsinitiative) diese Landesverweisung nach einer Straftat seit 1. Oktober 2016 im Strafrecht festgeschrieben.

Die Bewegungsfreiheit gilt für drei Gruppen von Personen:

- Freizügigkeitsberechtigte Personen, die die Staatsangehörigkeit eines anderen Schengen-Staates haben, und deren Familienmitglieder
- Drittstaatsangehörige Personen mit einer Bewilligung, die bleiben dürfen, solange die Bewilligung läuft
- Drittstaatsangehörige Personen mit einem Visum, das sie im Regelfall berechtigt, in einem 180-Tage-Zeitraum 90 Tage im Schengen-Raum zu bleiben

Wer keiner dieser Gruppen angehört, muss das Land und/oder den Schengen-Raum wieder verlassen. Wer nicht rechtmässig kommt, kann an der Grenze abgewiesen werden. Dies ist in Art. 5 des Schengener Grenzkodex so vorgesehen, und der Staat, der eine Aussengrenze hat, ist verpflichtet, die Einhaltung der Einreiseregeln streng zu kontrollieren. Ein Gastrecht im Sinne eines Einreiserechts gibt es also nur unter Beachtung formaler Vorgaben – in der Regel ist für die Einreise ein Visum erforderlich. Das unbefugte Überschreiten der Aussengrenzen muss mit Sanktionen geahndet werden (Art. 5 Abs. 3 des Schengener Grenzkodex). Von diesem Prinzip gibt es lediglich wenige Ausnahmen. Die wichtigste Ausnahme vom Prinzip der Sanktionierung greift, wenn «internationale Schutzverpflichtungen» der Mitgliedstaaten berührt sind. In Anhang VI des Schengener Grenzkodex ist die Auswirkung beschrieben: Dort heisst es:

> «Einem Drittstaatsangehörigen, der im Hoheitsgebiet eines Mitgliedstaats internationalen Schutz beantragt, muss entsprechend dem Besitzstand der

---

10   Siehe dazu auch den Beitrag von Marc Spescha in diesem Band.

Union im Asylbereich Zugang zu den einschlägigen Verfahren des Mitgliedstaats gewährt werden.»

An dieser Stelle endet also die absolute staatliche Hoheit über die Frage, welche Personen das Recht haben, sich auf ihrem Territorium aufzuhalten. Personen, die Schutz beantragen, müssen Zugang zu einem Asylverfahren erhalten. Der Europäische Gerichtshof für Menschenrechte in Strassburg hat in diesem Zusammenhang zudem mehrfach klargestellt, dass der Einreisestaat auch die Verpflichtung hat, potenziell schutzbedürftige Personen über ihr Recht, Asyl zu beantragen, zu informieren und ihnen eine effektive Möglichkeit zur Stellung eines Antrags zu geben. Er hat unter anderem Rückschaffungen auf dem Mittelmeer und an den Landgrenzen ohne weitere Information und Registrierung für unrechtmässig erklärt.[11]

3. Flüchtlingsrecht als Gastrecht

Die im Grenzkodex angesprochenen internationalen Schutzverpflichtungen gelten auch für die Schweiz, da sie völkerrechtlich festgelegt und von der Schweiz ratifiziert wurden. Die wichtigsten Schutzverpflichtungen ergeben sich aus dem Abkommen über die Rechtstellung der Flüchtlinge (Flüchtlingskonvention – FK), der Europäischen Menschenrechtskonvention und der Kinderrechtskonvention der Vereinten Nationen. Weitere Schutzverpflichtungen betreffen Opfer von Folter und Menschenhandel oder auch Frauen, die Opfer von Gewalt wurden. Für den Rahmen dieser Abhandlung ist die FK besonders bedeutsam, da sie weitgehende Rechte für Personen enthält, die als Flüchtlinge in einen Vertragsstaat kommen.

3.1 Wer ist ein Flüchtling?

Die Flüchtlingskonvention vom 28. Juli 1951 ist ein völkerrechtlicher Vertrag, also eine bindende Vereinbarung zwischen Staaten. Sie definiert, wer ein Flüchtling ist, und enthält Standards für die Behandlung von Flüchtlingen im Aufenthaltsland. Diese Standards definieren insbesondere, welche Rechte Flüchtlingen zustehen. Die Rechte für Flüchtlinge sind zum Teil nicht davon abhängig, ob ein Flüchtling Asyl erhalten hat oder nicht. So sind beispielsweise das Recht, nicht wegen unbe-

---

11 Siehe dazu insbesondere EGMR, Urteil vom 23. Februar 2012, Hirsi Jamaah u.a. gegen Italien, Beschwerde-Nr. 27765/09 und Urteil vom 3. Oktober 2017, N.D. und N.T. gegen Spanien, Beschwerde-Nrn. 8675/15 und 8697/15.

fugter Einreise bestraft zu werden, und das Recht, nicht in eine Verfolgungssituation abgeschoben zu werden, nicht davon abhängig, dass bereits ein Asylverfahren durchgeführt wurde. Ursprünglich war die FK beschränkt auf Flüchtlinge, die aufgrund von Ereignissen, die vor dem 1. Januar 1951 eingetreten sind, verfolgt waren. Sie sollte also vorrangig Weltkriegsflüchtlinge schützen. Das Flüchtlingshochkommissariat der Vereinten Nationen (UNHCR) wurde zunächst für drei Jahre damit beauftragt, für den Schutz und für dauerhafte Lösungen für Flüchtlinge zu sorgen und dabei insbesondere auch festzustellen, wer ein Flüchtling ist.

Aufgrund der weltpolitischen Ereignisse nach Inkrafttreten der FK wurde schnell klar, dass Flüchtlingsschutz nicht nur in Europa und nicht nur für Weltkriegsflüchtlinge notwendig ist. Mit dem New Yorker Protokoll zur FK vom 31. Januar 1967 wurde die zeitliche und geografische Beschränkung aufgehoben, so dass seit 1967 jede verfolgte Person unter den Anwendungsbereich der FK fällt. 148 Staaten haben die FK oder das Protokoll ratifiziert, darunter alle Staaten des Schengen-Raumes, weshalb für die Schweiz und ihre Nachbarländer die in der FK geregelten Verpflichtungen uneingeschränkt anwendbar sind.

Dabei ist nicht jede Person, die angibt, Asyl beantragen zu wollen, ein Flüchtling, vielmehr ist in der FK genau festgelegt, unter welchen Voraussetzungen eine Person ein Flüchtling ist. Art. 1 A Abs. 2 FK enthält die Definition der Flüchtlingseigenschaft:

«‹Flüchtling› im Sinne dieses Abkommens ist jede Person, […] die sich […] aus begründeter Furcht vor Verfolgung wegen ihrer Rasse, Religion, Staatszugehörigkeit, Zugehörigkeit zu einer bestimmten sozialen Gruppe oder wegen ihrer politischen Überzeugung ausserhalb ihres Heimatlandes befindet und dessen Schutz nicht beanspruchen kann oder wegen dieser Befürchtungen nicht beanspruchen will; oder die sich als Staatenlose infolge solcher Ereignisse ausserhalb ihres Wohnsitzstaates befindet und dorthin nicht zurückkehren kann oder wegen der erwähnten Befürchtungen nicht zurückkehren will.»

Damit definiert die FK abschliessend, welche Personen Flüchtlinge sind, und stellt auch klar, dass Staatenlose Flüchtlinge sein können. Die Flüchtlingsdefinition enthält fünf Elemente, die alle kumulativ erfüllt sein müssen, damit eine Person Flüchtling ist. Flüchtling kann zuerst einmal nur eine Person sein, die bereits ihr Heimatland verlassen hat, andernfalls wäre die Person nicht Flüchtling.[12] Zudem

---

12 Menschen, die innerhalb ihres Heimat- oder Herkunftslandes fliehen müssen, werden als binnenvertriebene Personen (*internally displaced persons*, IDPs) bezeichnet. Die Zahl der IDPs ist weltweit etwa dreimal so hoch wie die Zahl der Flüchtlinge.

muss die Person eine begründete Furcht haben verfolgt zu werden. Ihr muss also eine schwerwiegende Menschenrechtsverletzung mit einer gewissen Wahrscheinlichkeit drohen (dies wird auch als «reales Risiko» bezeichnet). Zudem muss eine kausale (aber nicht ausschliessliche) Verknüpfung mit einem der fünf Verfolgungsgründe bestehen. Diese Verfolgungsgründe folgen in ihrer Konstruktion im Wesentlichen der Verfolgungslogik des Nazi-Regimes. Sie sind damit auch ein Abbild der Gründe, derentwegen bestimmte Gruppen in Deutschland in der Nazizeit in Konzentrationslager verbracht wurden. So erklärt sich auch die Verwendung des nicht mehr gebräuchlichen Wortes «Rasse». Beim Begriff «Nationalität» ist darauf hinzuweisen, dass dieser modern wohl mit «ethnischer Zughörigkeit» gleichzusetzen ist. «Religion» und «politische Überzeugung» sind weniger erklärungsbedürftig als «Zugehörigkeit zu einer bestimmten sozialen Gruppe». Letzterer ist der am wenigsten klare Grund; er umfasst jedenfalls die Familie, die sexuelle Orientierung und die geschlechtsspezifische Verfolgung. Letzte Voraussetzung für die Flüchtlingseigenschaft ist der fehlende effektive Schutz im Heimat- oder Herkunftsstaat; wenn dieser schützt, muss der (subsidiär greifende) Flüchtlingsschutz nicht von einem anderen Staat gewährt werden. Keine Flüchtlinge können Personen sein, die sogenannte Ausschlussgründe erfüllen. In diesen ist festgelegt, dass beispielsweise Kriegsverbrecher oder Personen, die schwere, nicht-politische Verbrechen begangen haben, nicht Flüchtlinge sind. Zudem dürfen keine sogenannten Beendigungsgründe vorliegen; diese liegen vor allem vor, wenn die betroffene Person Schutz als Staatsbürger von seinem eigenen Herkunftsstaat erhält oder (beispielsweise durch Einbürgerung) von einem anderen Staat wie ein Staatsbürger geschützt ist oder sich die Situation im Herkunftsland nachhaltig verbessert hat.

Die Folge der Flüchtlingsdefinition ist, dass eine Person nicht zum Flüchtling wird, weil sie von einem Staat als solcher anerkannt wird, sondern dass dieser Staat (meist im Asylverfahren) anerkennt, dass die Person Flüchtling ist. Durch diese Konstruktion ist sichergestellt, dass bestimmte Rechte von Flüchtlingen bereits vor der formellen Anerkennung bestehen und gewährleistet sein müssen. Das wichtigste Recht, das Flüchtlingen zusteht, ist dabei das Recht, nicht in die Gefahr zurückgewiesen zu werden (Refoulement-Verbot – Art. 33 Abs. 1 FK). Es sichert in Verbund mit dem Verbot der Bestrafung von Flüchtlingen wegen illegaler Einreise (Art. 31 FK) rechtlich eine gastfreundliche Aufnahme mit einem gewissen Versorgungsanspruch ab Asylgesuchstellung.

3.2 Inhalt des Rückschiebungsverbots

Das Rückschiebungsverbot der Flüchtlingskonvention lautet:

«Kein vertragsschliessender Staat darf einen Flüchtling in irgendeiner Form in das Gebiet eines Landes ausweisen oder zurückstellen, wo sein Leben oder seine Freiheit wegen seiner Rasse, Religion, Staatszugehörigkeit, seiner Zugehörigkeit zu einer bestimmten sozialen Gruppe oder seiner politischen Anschauungen gefährdet wäre.»

Das Refoulement-Verbot ist so ausgestaltet, dass es jeden kausalen Beitrag zu einer Rückschiebung in die Gefahr verbietet. Ein Staat darf also nicht nur Personen nicht in die Gefahr ausschaffen, sondern muss auch jede Beteiligung an einem Vorgang vermeiden, der dazu führt, dass eine Person an einen Ort kommt, an dem ihr möglicherweise Verfolgung droht. Verboten ist also nicht nur direktes Refoulement, sondern auch sogenanntes indirektes Refoulement. So wurde beispielsweise im Jahr 2011 Belgien vom EGMR unter anderem wegen Verletzung des Rückschiebungsverbots aus Art. 3 EMRK verurteilt, weil der betroffenen Person, einem Afghanen, in Griechenland eine Weiterverweisung in die Türkei oder sein Herkunftsland drohte.[13] Das Refoulement-Verbot ist in jeder Situation zu beachten, und seine Einhaltung muss deshalb auch für alle Personen, die ein Asylgesuch gestellt haben, sichergestellt werden.

Neben den Ausschlussgründen, die rechtlich dafür sorgen, dass Personen, die vor der Aufnahme schwere Verbrechen begangen haben, enthält das Rückschiebungsverbot eine gastrechtliche Komponente im Fall einer sehr schwerwiegenden Pflichtverletzung der betroffenen Person gegenüber dem Aufnahmeland. Eine Zurückweisung ist nämlich erlaubt, wenn ein Flüchtling die Sicherheit gefährdet bzw. wegen eines besonders schweren Verbrechens verurteilt wurde und die Allgemeinheit gefährdet. Dies ist in Art. 33 Abs. 2 FK geregelt:

«Auf diese Vorschrift kann sich ein Flüchtling nicht berufen, wenn erhebliche Gründe dafür vorliegen, dass er als eine Gefahr für die Sicherheit des Aufenthaltsstaates angesehen werden muss oder wenn er eine Bedrohung für die Gemeinschaft dieses Landes bedeutet, weil er wegen eines besonders schweren Verbrechens oder Vergehens rechtskräftig verurteilt worden ist.»

---

13 EGMR, Urteil vom 21. Januar 2011, M.S.S. gg. Belgien und Griechenland, Beschwerde-Nr. 30696/09.

Damit ist das Recht auf Verbleib von Flüchtlingen rechtlich nur limitiert durch die Abwendung konkreter Gefährdungen der Sicherheit des Aufnahmelandes. Das «Gastrecht» im Sinne eines physischen Anwesenheitsrechts der Flüchtlinge endet also erst, wenn sie für das Aufnahmeland eine Gefahr darstellen.

3.3 Sanktionen für Fehlverhalten

Im Schweizer Recht gibt es darüber hinaus Bestimmungen, die dafür sorgen, dass auch Fehlverhalten unterhalb der Schwelle der Ausnahme vom Rückschiebungsverbot sanktioniert wird: Wenn Personen in der Schweiz eine Katalogtat nach Art. 66a StGB begangen haben, ist seit dem 1. Oktober 2016 die obligatorische Landesverweisung vorgesehen. Dadurch kommen wieder klare Vorstellungen vom Verhalten eines Gastes in der Rechtsordnung zum Tragen. Vom Vollzug der Landesverweisung besteht allerdings dann eine Ausnahme, wenn die Person im Herkunftsstaat verfolgt wäre. Die praktische Konsequenz dieser Regel ist, dass Flüchtlinge, die sich einer Straftat schuldig machen, ab einer bereits sehr geringen Schwelle riskieren, jede Möglichkeit der Integration in die Schweizer Gesellschaft zu verlieren. Sie werden zwar nicht ausgeschafft, sind aber von der Sozialhilfe ausgeschlossen, wenn die Landesverweisung trotzdem ausgesprochen wird. Die Personen haben ab diesem Zeitpunkt rechtlich kein Aufenthaltsrecht mehr.

Auch bei weiterem Fehlverhalten drohen Konsequenzen, wenn die Person nicht so gut integriert ist, dass sie für sich selbst sorgen kann. Art. 83 AsylG enthält eine Liste von Verhaltensweisen, die im Extremfall bis zum vollständigen Entzug der Sozialhilfe führen können. Die Liste der potenziell sanktionierten Verhaltensweisen reicht von unwahren Angaben zur Erreichung der Sozialhilfe bis zur Nichtbefolgung von behördlichen Anordnungen.

Flüchtlinge sind also einem starken rechtlichen und tatsächlichen Druck ausgesetzt, sich nicht nur rechtlich korrekt zu verhalten, sondern allen Anweisungen Folge zu leisten, die von den Behörden angeordnet werden, die für ihre Aufnahme zuständig sind. Die entsprechenden Regelungen knüpfen ganz offensichtlich an eine Vorstellung (nicht nur) von Flüchtlingen als Gästen an und wollen erreichen, dass nur Personen, die sich vollkommen rechtstreu verhalten, das Recht haben, sich in der Schweiz rechtmässig aufzuhalten. Dadurch wird letztlich die hinter den völkerrechtlichen Regelungen zu Schutz und Rechten von Flüchtlingen stehende Idee, den Aufbau eines neuen Lebens zu ermöglichen, stark relativiert, und die Aufnahme ist eher als Gnadenakt mit Wohlverhaltensvorbehalt ausgestaltet und nicht (mehr) als Anspruch, der nur dann endet, wenn die Person das Aufnahmeland gefährdet.

Damit ist im Schweizer Recht zwar das grundsätzliche Recht der Flüchtlinge auf physischen Schutz (durch das Rückschiebungsverbot) abgesichert, da dieses auch bei Fehlverhalten nicht in Frage gestellt wird und nach Bundesverfassung und EMRK absolut gilt (also auch bei schwerstem Fehlverhalten). Auf der Ebene der Möglichkeit, sich ein neues Leben aufzubauen – also eine «dauerhafte Lösung» für das eigene Flüchtlingsschicksal zu finden –, werden Flüchtlinge aber zumindest theoretisch in den Status von Gästen versetzt, da sie trotz des Rechtsanspruchs auf bestimmte Leistungen nach der FK keine Integrationsmöglichkeiten erhalten sollen, wenn sie sich falsch verhalten.

4. Fazit

Wenn wir auf den aktuellen öffentlichen Diskurs schauen, hat die aufgezeigte Kategorisierung von Flüchtlingen als Gäste schon einen sehr starken Einfluss auf das Denken und insbesondere auf den politischen Diskurs. Flüchtlinge als verfolgte Personen, die nach dem Flüchtlingsvölkerrecht das Recht haben sollen, sich ein neues Leben aufzubauen, können diese Rechtsposition nur in Anspruch nehmen, wenn sie sich wohlverhalten. Sie werden dadurch als Gäste konstruiert und nicht mehr als Träger von bestimmten Rechten angesehen, wie dies nach dem Flüchtlingsvölkerrecht vorgesehen ist. Dort ist zwar rechtstreues Verhalten auch vorgesehen. Art. 2 FK regelt diesbezüglich:

> «Jeder Flüchtling hat gegenüber dem Land, in dem er sich aufhält, Pflichten, zu denen insbesondere die Verpflichtung gehört, sich den Gesetzen und Verordnungen sowie den Massnahmen zur Aufrechterhaltung der öffentlichen Ordnung zu unterziehen.»

Die im Völkerrecht vorgesehene Seite der Wohlverhaltensverpflichtung im Sinne der Pflicht zur Einhaltung der Rechtsordnung wird allerdings nur wirksam, wenn die öffentliche Ordnung gefährdet ist, und ist darüber hinaus nur mit den normalen strafrechtlichen Sanktionen verbunden, die allen Personen drohen, die sich nicht an Gesetze und Verordnungen halten. Im Schweizer Recht werden Verstösse gegen die Wohlverhaltensverpflichtung sehr viel strenger sanktioniert: Es droht ein Verlust des Anspruches auf Integration und Partizipation.

Dies hat diskursiv zwei Effekte: Zum einen wird die Gewährung grundlegender Menschenrechte, die über den reinen physischen Schutz hinausgehen, von einem umfassenden Wohlverhalten abhängig gemacht, und zum anderen werden Personen, die in die Schweiz migrieren, generell nach ihrem Verhalten in will-

kommene und unwillkommene Gäste eingeteilt. Die Möglichkeit für Flüchtlinge in der Schweiz Aufnahme zu finden, wird somit zu einem Recht, das bei
Fehlverhalten stark eingeschränkt und auf den physischen Schutz reduziert werden kann.

Diese Dimension fügt der einleitend skizzierten, ohnehin bestehenden Einteilung in willkommene Gäste mit Immigrationsrecht, die beispielsweise aufgrund
des Freizügigkeitsabkommens mit der EU oder wegen einer Arbeitsaufnahme ein-
reisen dürfen, und unwillkommene Gäste (also Personen ohne Aufenthaltsrecht,
Sans-Papiers) eine weitere Dimension hinzu. Die Grenze der «Willkommenskultur» ist dabei häufig eine finanzielle: Solange die Personen den Staat nichts kosten,
ist die Einreise als Gast vergleichsweise unproblematisch. Die Grenze ist erreicht,
wenn die Personen Ansprüche geltend machen, die etwas kosten könnten.

Die Entwicklungen der letzten Jahre haben also das Bewusstsein darüber stark
zurückgedrängt, dass Flüchtlinge ein Recht auf den Aufbau eines neuen Lebens
haben, das nur beschränkt werden darf, wenn die Person die öffentliche Sicherheit und Ordnung gefährdet. In Rechtsordnung und öffentlichem Diskurs finden
sich immer mehr Regelungen, die das Recht auf Partizipation von einem absolut
untadeligen Verhalten abhängig machen, und setzen damit einen Standard, der
weit über das hinausgeht, was einheimische Personen leisten müssen. Die Grenze
für diese Entwicklung ist in der aktuellen rechtlichen Situation der physische
Schutz, dieser knüpft an den Schutz der Menschenwürde an und spiegelt sich im
für alle Personen gegebenen Recht auf Hilfe in Notlagen (Art. 12 der Bundesverfassung). Bisher ist zumindest rechtlich klar: Ein drohender Eingriff in die körper-
liche Unversehrtheit führt zu einem auf den physischen Schutz reduzierten Aufenthalt, auch wenn die Person sich nicht wohlverhält. Verschiedene aktuelle
Vorstösse und Initiativen weisen auch hier in eine Richtung, die sogar diesen
Anspruch in Frage stellt und eine volle Orientierung des Aufenthaltsrechts am
Wohlverhalten fordert. Das Bild des «undankbaren» Gastes leistet diesen Tendenzen erheblichen Vorschub und ist damit geeignet, den völkerrechtlich garantierten
Schutz von Flüchtlingen noch weiter auszuhöhlen, als dies aktuell der Fall ist.

Gast für drei Tage

Khusraw Mostafanejad

«Die ersten drei Tage in deinem Haus gilt ein Besucher als Gast.» So lautet ein Sprichwort in meiner Muttersprache, das meine Mutter oft verwendete. Bei den Kurden wird jemand dann als Gast angesehen, wenn er oder sie bei einem anderen Menschen, einer anderen Familie zu Hause übernachtet und isst. Meist hilft der Gast auch nicht bei der alltäglichen Arbeit des Gastgebers.

Wenn ich als Flüchtling in der Schweiz – oder irgendwo anders – Asyl beantrage und nach einer Weile nicht «mithelfe», nennt man das Missbrauch. Und es wäre Missbrauch, weil ich von der Arbeitsleistung der Schweizerinnen und Schweizer leben, hier umsonst wohnen und mich ernähren würde. Das machen Parasiten auf dem Körper einer anderen Kreatur. Deshalb gilt das kurdische Sprichwort überall auf der Welt.

Rechtlich werden Flüchtlinge hierzulande so lange als Gäste betrachtet, bis sie eine Aufenthaltsbewilligung bekommen. Dies bedeutet auch, dass sie von Seiten der Schweizer Bevölkerung wie Gäste betrachtet werden. Keine Aufenthaltserlaubnis zu haben, ist schlimm, denn dies verhindert die Integration der Geflüchteten in die Gesellschaft. Sie dürfen und sollen gar nicht «mitmachen». Eingepfercht in Asylaufnahmezentren, wo sie nur unter Flüchtlingen und Migranten sind, haben diese Menschen fast keine Möglichkeit, Schweizern zu begegnen. Sie lernen weder die Sprache, die ein Werkzeug des Zusammenlebens ist, noch haben sie das Recht, an Orten zu arbeiten, wo sie einheimische Leute kennenlernen könnten.

Es dauert lange, bis man aus diesem unfreiwilligen Dasein als Gast befreit wird.

Als ich während den ersten zwei Jahren nicht gut genug Deutsch konnte, hatte ich keine Schweizer Freunde. Die Schweizer waren oft zurückhaltend mir gegenüber, weil ich aus einer anderen Kultur stammte. Auch wenn sie merkten, dass ich etwas auf meine ganz eigene Art machte, etwas, was den Sitten «meiner» Kultur offensichtlich widersprach, blieben sie auf Distanz und erklärten mein Verhalten weiterhin mit Kulturunterschieden. Das halte ich für Quatsch, weil ich in sehr verschiedenen Ländern gelebt habe und eine Art internationale Kultur lebe.

Allerdings merkt man, dass sich auch Schweizer untereinander skeptisch gegenüberstehen. Sie lernen nur wenige neue Leute kennen. Wenn sie sich dann mit jemandem anfreunden, hält die Freundschaft ewig. Das soll kein Lob sein, ist aber positiv gemeint, weil sie sich nicht mit Fremden anfreunden, solange sie diese nicht gut genug kennengelernt haben.

Ich möchte aber nicht alle Schweizerinnen und Schweizer über einen Kamm scheren. Schliesslich sind die Leute überall unterschiedlich. Derzeit studiere ich Film an der F+F Schule für Kunst und Design. Dort sind manche meiner Klassenkameraden meine Freunde, andere aber haben kein Interesse daran, mit mir an einem Tisch zu sitzen. Und das kommt nicht nur von den allgegenwärtigen rechtsradikalen Stimmen gegen Flüchtlinge, sondern liegt an den unterschiedlichen Interessen und Charakteren. Letztes Jahr sollten wir ein Filmprojekt in Teams durchführen und einen Kurzfilm drehen. Nur ein Mitschüler hat mit mir zusammenarbeiten wollen. Anfangs dachte ich, dass die anderen mich hassen. Aber dann sah ich ihre Projekte und erkannte, dass sie vor allem Liebesgeschichten behandelten, in denen jemand Rache üben will. Mein Kurzfilm aber griff die Geschichte eines jesidischen Geschwisterpaars auf, das auf der Flucht getrennt wurde. Die Schwester lebt immer noch im Irak, während der Bruder hier in der Schweiz ist. Meine Mitschüler hatten einfach kein Interesse an meinem Projekt.

Politisch ist es ein riesiges Hindernis für die Identifikation mit der hiesigen Gesellschaft, dass die bürgerlich-konservativen Parteien die politische Mehrheit bilden. Sie hetzen oft gegen die Gastfreundschaft und manipulieren so auch den Teil jener Schweizer, der gastfreundlich ist. Beispielsweise habe ich einen Freund, der zwar keine Ahnung von rechter Ideologie hat, aber SVP wählt. Als ich ihn nach dem Grund fragte, sagte er, die SVP sei gegen den EU-Beitritt und deshalb wähle er sie, denn wenn die Schweiz in die EU einträte, verlöre sie viel Geld. «Aber ich bin trotzdem nicht gegen dich», schloss er seine Erklärung.

Seit ich mehr Freunde in der Schweiz habe, empfinde ich die Schweizer allgemein als gastfreundlich und auch als grosszügig, da ich fast immer Hilfe bekam, wenn ich welche brauchte. Aber als Gast fühle ich mich hier nicht mehr, getreu dem kurdischen Sprichwort. Ich will nach wie vor mitmachen und mich in die Gesellschaft integrieren. Und dafür brauche ich vor allem die Gastfreundlichkeit der Schweizer Gesellschaft und nicht das politisch-rechtliche Gastdasein in den Asylaufnahmezentren.

Bearbeitung: Sara Winter Sayilir

Jenseits der Gastfreundschaft
Rechte für Immigrantinnen und Immigranten

Marc Spescha

In seiner kosmopolitischen Schrift «Zum ewigen Frieden» begründet Immanuel Kant den philosophischen Anspruch des Fremden auf eine (gast-)freundliche Aufnahme als Besucher. Die postulierte *Gastfreundschaft* ist allerdings auch in Kants Konzept des Weltbürgertums zeitlich befristet, und der Gastgeber denkt nicht an einen längeren Verbleib des Gastes. Da er nach drei Tagen stinke – *gli ospiti dopo tre giorni puzzano*, wie der italienische Volksmund weiss –, wird erwartet, dass er auch rechtzeitig wieder geht. Mit dem Fremden, der «heute kommt und morgen bleibt» (Georg Simmel) und damit zum (unerwünschten) Langzeitimmigranten wird, hat die Gastfreundschaft kaum gerechnet. Um Bleibewillige handelt es sich aber bei den meisten der hier und heute in der Schweiz angelangten Asylsuchenden, wie auch bei den vornehmlich aus der EU stammenden Arbeitsimmigrantinnen und -immigranten sowie nachgezogenen Familienangehörigen.

Stösst die Gastfreundschaft schon im Privaten an Grenzen, gilt dies noch stärker ausgeprägt für die moralisch postulierte Gastfreundschaft gegenüber (unbekannten) Fremden, die in unserem Land ein Bleiberecht beanspruchen wollen. Das Postulat, unsere Herzen den Immigranten zu öffnen, droht gar als (linke) «Phrasendrescherei» (Slavoj Žižek) denunziert zu werden. Die Reaktion auf die aktuellen Phänomene immigrierender Menschen, seien es freizügigkeitsberechtigte Personen oder Elend und Not entflohene Armutsmigranten, Gewaltvertriebene oder Flüchtlinge im klassischen Sinne, hängt zwar auch von emotionalen Dispositionen ab. Die Moralpsychologie und Emotionsforschung etwa unterscheidet mindestens sechs emotionsbasierte Prinzipien, die sich gegensätzlichen politischen Lagern zuordnen lassen. So sind etwa Fürsorge, Freiheit und Fairness bei progressiv denkenden Linken und Liberalen nachweislich vergleichsweise ausgeprägt, während die Prinzipien Loyalität, Autorität und Reinheit bei konservativ-rechts Denkenden im Vordergrund stehen. Der Philosoph Philipp Hübl folgert aus dem Prinzip der Reinheit eine Ekel-Disposition, die Menschen zu Traditionalisten mache, und erkennt im «Wutbürger» tatsächlich den «Ekelbürger». Da gegen solche Abwehrdispositionen der Appell an die Vernunft selten kurzfristig helfe, empfiehlt Hübl «eher die positive Emotionalisierung von progressiven Themen, zum Beispiel, indem man an das Mitgefühl gegenüber Fremden appelliert, das manchmal den Ekel übertrumpfen kann»[1]. Das sei zwar nur eine Notlösung, aber immerhin ein Anfang.

Ist aus Sicht der Psychologie der Appell an das Mitgefühl vielleicht doch nicht so rasch abzutun, wie dies Žižek glaubt, so sehen sich derartige Appellanten gleichwohl rasch dem Vorwurf naiven oder gar verantwortungslosen «Gutmenschentums» ausgesetzt. Dass die deutsche Bundeskanzlerin anfangs September 2015 verkündete, den Ansturm an Schutzsuchenden in Deutschland bewältigen zu können nach dem Motto: «Wir schaffen das!», und anfügte: «Ich muss ganz ehrlich sagen: Wenn wir jetzt anfangen, uns noch entschuldigen zu müssen dafür, dass wir in Notsituationen ein freundliches Gesicht zeigen, dann ist das nicht mein Land», hat ihr neben anerkennenden Worten viel Schimpf eingetragen. Harsch kritisiert wurde nicht zuletzt ein fehlendes Konzept der Regierung, die suggerierte Integrationsfähigkeit in adäquate Taten umzusetzen.

Eine Willkommenskultur, die sich nicht als naiv-blauäugig disqualifizieren will, benötigt Orientierungslinien und hat überdies einige Begleiterscheinungen zu vergegenwärtigen: Zum Wissen, dass je unterschiedliche Umstände die entsprechend angesprochenen Menschen zu uns geführt haben, gehört die realistische Einschätzung, wonach die meisten dieser Umstände anzuhalten drohen. Diese Menschen wollen daher auf Dauer hier bleiben. Falls dann die Rückkehr als zumutbar beurteilt werden sollte, drohen Zwangsausschaffungen, die aber kein taugliches Instrument sind, um massenhafte Rückschaffungen sicherzustellen. Wir – gemeint ist die Aufnahmegesellschaft – sind deshalb gefordert, diesen Menschen Zugehörigkeitserfahrungen zu ermöglichen, was einen Effort an Integrationsanstrengungen oder – wenn man den Begriff bevorzugt – Inklusionsmöglichkeiten erfordert, gemeint vor allem als Zugang zum Spracherwerb, zum Arbeitsmarkt und zur gesellschaftlichen Partizipation. Dass «wir» diesbezüglich an Bewältigungsgrenzen stossen könnten, zumal tatsächlich nicht «jedes Opfer von Autoritarismus, Fundamentalismus und Bigotterie der natürliche Gefährte liberaler Bürger»[2] ist, lässt sich nicht ausschliessen. Gleichwohl ist mit Joachim Güntner festzuhalten, dass «die Moralität des Willkommens überzeugt. Es gibt zu viel Geiz,

1   Philipp Hübl, *Was Progressive und Konservative unterscheidet, sind ihre Gefühle*, NZZ vom 29.5.2017.
2   Joachim Güntner, *Das gute Fühlen*, NZZ vom 24.9.2015.

Besitzstandswahrung, Ignoranz, Wegsehen, Verhärtung in der Welt. Dem Kleinmut durch aktive Mitmenschlichkeit ein Ende zu bereiten, ist aller Ehren wert.»[3]
So weit, so gut.

Der Glaube an Appelle und erhofftes Wohlwollen ist allerdings weder beruhigend noch eine politische Option oder Strategie. Und: Das Konzept der Gastfreundschaft scheint für die Frage des Umgangs mit langfristig Bleibewilligen und gar dauerhaft hier Ansässigen wenig hilfreich. Insofern, als selbst bei langjährig anwesenden «Ausländern», die zu *Einheimischen* (ohne Schweizer Pass) geworden sind, regelmässig vom «Missbrauch des Gastrechts» die Rede ist, wenn sie hier straffällig werden, führt die Vorstellung von Gast und Gastrecht gar in die Irre.

Der Rechtsstaat setzt hinsichtlich der Stellung Immigrierter daher nicht auf unbeständige Gastfreundlichkeit, sondern schafft verbindliche individuelle Rechtsansprüche. Mit Blick auf Asylsuchende basieren diese auf der Genfer Flüchtlingskonvention und dem diese Konvention auf Landesebene umsetzenden Asylgesetz. Es definiert die Flüchtlingseigenschaft und schützt den so Qualifizierten vor einer Rückschiebung ins gefährdende Herkunftsland. Einen generellen Schutz vor Folter und unmenschlicher Behandlung und damit vor Ausschaffung statuiert auch Art. 3 der Europäischen Menschenrechtskonvention (EMRK). Eine zentrale Funktion hat in Migrationskontexten zudem der Art. 8 EMRK, der den Aufenthalt langjährig anwesender Ausländer als Privatleben schützt und mit der Anerkennung des «Familienlebens» als Rechtsgut Familienzusammenführungen gebieten und vor Familientrennungen bewahren kann. Im Migrationskontext noch wichtiger ist das Personenfreizügigkeitsabkommen, das über 70 Prozent der in der Schweiz lebenden «Ausländer» als Freizügigkeitsberechtigten weitgehende Rechte garantiert.

Als staatsvertraglich verpflichteter und grundrechtlich basierter Verfassungsstaat ist die Schweiz auch ein *Menschenrechtsstaat*. Die Würde von Immigrantinnen und Immigranten ist daher primär in den Kategorien des Rechts, und hier vor allem der (Menschen-)Rechte zu verteidigen und nicht im Appell von Sonntagsreden zu behaupten. Rechte vermitteln verbindliche und einklagbare Positionen. Sie sollen als *Grundrechte* vor Willkür und Diskriminierung schützen, Verfahrensgarantien und faire Interessenabwägungen gewährleisten und – ganz besonders in Migrationskontexten – die Berücksichtigung des Kindeswohls und privater und familiärer Interessen sicherstellen. Grund- und Menschenrechte sind keine absoluten Garantien, werden von Migrationsbehörden mitunter als lästige Hindernisse betrachtet, nicht selten verletzt und sind daher ständig gefährdet. Als Rechtsstaat ist die Schweiz aber auch ein *Rechtsmittel*staat, der eine Kontrolle der Machtausübung

---

3   Ebd.

im Grundsatz sicherstellt, wenngleich die Kontrolle im Einzelfall vielfach unzureichend erfolgt. Rechtsgarantien und Rechtskontrolle sind aber weniger seitens tatsächlicher oder angeblicher «Integrationsverweigerer» unter Druck: Die stärksten Feinde der Rechtsstaatlichkeit kommen nicht von aussen, sondern sind mitten unter uns, beanspruchen für sich die Signatur der Eidgenossenschaft, wenden sich seit einigen Jahren, berauscht vom Willen zur Macht und in Verachtung der Menschenrechtskultur, gegen das Völkerrecht, konkret: gegen das Freizügigkeitsabkommen mit der EU (FZA) und gegen die Europäische Menschenrechtskonvention (EMRK). Manifest wird dies in den aktuellen politischen Forderungen, das Freizügigkeitsabkommen zu kündigen und – unter dem Deckmantel einer «Selbstbestimmungs-Initiative» und mit dem doppelt irreführenden Motto: «Schweizer Recht statt fremde Richter» – auch die Europäische Menschenrechtskonvention.

Unter dem Eindruck der anhaltenden Migration insbesondere aus dem afrikanischen Kontinent und der freizügigkeitsrechtlich begünstigten Arbeits- und Familienmigration aus Europa wird der Kampf gegen das «Fremde» unvermindert – mehr oder weniger sichtbar – geführt, tagtäglich in der Praxis der Migrationsämter geübt und auf gesetzgeberischer Ebene durch einen kontinuierlichen Abbau von Rechten bzw. eine Verschärfung des Umgangs mit Immigrantinnen und Immigranten sekundiert. In der Verwaltungspraxis werden selbst klare Rechtsansprüche regelmässig missachtet. Der Umgang mit abgewiesenen Asylsuchenden im Kanton Zürich etwa ist durch eine rigide Eingrenzungspraxis und eine schikanöse Meldepflicht zwecks Gewährung der Nothilfe verschärft worden. Auch einer Regularisierungsaktion für eine klar definierte Gruppe von Sans-Papiers analog der «Operation Papyrus» im Kanton Genf erteilte der Zürcher Regierungsrat am 9. Mai 2017 eine Absage.[4] Bei Ermessensentscheiden bringen Migrationsbehörden das Bekenntnis zu einer restriktiven Einwanderungspolitik meist generell und ohne Würdigung des konkreten Einzelfalls gegen Immigrantinnen und Immigranten in Anschlag. Im Herbst 2017 stimmten die Stimmberechtigten des Kantons Zürich – gegen den offenen Widerspruch der Zürcher Stadtregierung, die das Behördenreferendum ergriffen hatte – einer Gesetzesänderung zu, gemäss der irreführenderweise als bloss *vorläufig* Aufgenommene bezeichnete Ausländer nur noch Asylfürsorge erhalten, nachdem erst im Jahre 2012 per Volksentscheid deren Gleichstellung mit «normalen» Sozialhilfebezügern gesetzlich verankert worden war. Sie müssen sich künftig mit einem um fast ein Drittel reduzierten Grundbetrag für die Bestreitung des Lebensunterhaltes begnügen. In Bundesbern diskutiert das Parlament neuerdings gar, vorläufig Aufgenommenen

---

4   Vgl. die Antwort des Zürcher Regierungsrates vom 9. Mai 2017 auf eine Interpellation zu
     «Sans-Papiers im Kanton Zürich», KR-Nr. 89/2017.

jegliche Auslandreisen zu verbieten, und die aktiven Stimmberechtigten des Kantons Bern verweigerten im Mai 2017 einen Asylsozialhilfekredit für die Betreuung von unbegleiteten minderjährigen Asylsuchenden. Schliesslich ist seit 1.1.2018 das verschärfte Bürgerrechtsgesetz auf Bundesebene in Kraft. Indem die Niederlassungsbewilligung neu zur formellen Voraussetzung für die Einbürgerung wird, bleiben bildungsferne Ausländer lebenslänglich vom Bürgerrecht ausgeschlossen, da sie die überstrengen kantonalen Anforderungen an die ermessensabhängige Erteilung der Niederlassungsbewilligung kaum je erfüllen werden. Die Liste an Beispielen für den Rechtsabbau liesse sich fast beliebig verlängern.

Integrationspolitik, die diesen Namen verdient, sähe anders aus – von Willkommenskultur oder Gastfreundschaft ganz zu schweigen. Der Appell an das Mitgefühl mit «Fremden» wie auch mit dauerhaft hier lebenden und heimisch gewordenen «Ausländern» findet in der Behördenpraxis kaum Widerhall. Insofern, als die Art und Weise, wie ein Staat seine Ausländer behandelt, ein «Gradmesser seiner rechtsstaatlichen Kultur»[5] ist, ist die Lage auch in der Schweiz besorgniserregend.

Die wertvollste Grenze im Migrationskontext ist dabei jene, die die Menschenrechte den beschriebenen Manifestationen nationalstaatlicher Anmassungen setzen. Die Anmassungen von Gesetzgeber und Verwaltungsbehörden gehen nämlich bis an die Grenze des verfassungs- und völkerrechtlich, sprich grund- und menschenrechtlich Zulässigen und mitunter darüber hinaus. Darum ist das Völkerrecht und auch dessen hauptsächlicher Hüter, der Europäische Gerichtshof für Menschenrechte in Strassburg, zum Feindbild Nummer eins der rechtsnationalen, im Gewande «wahrer Demokraten» agierenden *Rechtsstaatsverächter* geworden. Ins Feindbild eingeschlossen wird mitunter auch das Schweizerische Bundesgericht, insbesondere dessen zweite öffentlich-rechtliche Abteilung, die sich wiederholt zur internationalen Vertragstreue bekannt hat und Rechte von Immigrantinnen und Immigranten mit Blick auf die aus dem Freizügigkeitsabkommen oder Art. 3 und 8 EMRK resultierenden Verpflichtungen vor ausländerfeindlicher Behördenwillkür schützte.[6]

---

5 Daniel THÜRER, *Gerechtigkeit im Ausländerrecht*, in: Peter UEBERSAX u.a. (Hg.), *Ausländerrecht.* Eine umfassende Darstellung der Rechtsstellung von Ausländerinnen und Ausländern in der Schweiz. Von A(syl) bis Z(ivilrecht), Basel ²2009, Rz. 1.2, S. 4.

6 Unermüdlich denunziert insbesondere die Journalistin Katharina Fontana die Richter der zweiten öffentlich-rechtlichen Abteilung als willfährig, elitär und anmassend, vgl. etwa «Der Richter und sein Lenker», NZZ vom 15.6.2017, «Wie ‹Strassburg› Schweizer Recht prägt», NZZ vom 15.2.2017, oder «Das Bundesgericht und die Personenfreizügigkeit», NZZ vom 26.11.2015. Dass Frau Fontana seit dem 1.9.2017 für die «Weltwoche» schreibt, ist folgerichtig, geifert diese doch seit Jahren systematisch gegen angeblich abgehobene Eliten und prangert hierbei mit Titeln wie «Ayatollahs in Lausanne» und «Totengräber der Demokratie» auch das Bundesgericht an.

Der entsprechende Schutz wird nicht automatisch gewährt, sondern bedarf engagierter Fürsprecher und unabhängiger Richter ebenso wie des zivilgesellschaftlichen Widerstands für den Rechtsstaat und gegen die Tyrannei von Mehrheiten aller Art, die sich seit Jahren und auf absehbare Zeit am Dreistesten in der Migrationsfrage Gehör verschaffen (Stichwort: Minarettverbot, Ausschaffungs-Initiative, Masseneinwanderungs-Initiative). Als Beispiel für einen rechtsstaatlich basierten, erfolgreichen zivilgesellschaftlichen Widerstand mag uns freilich das deutliche Volksmehr (fast 60 Prozent) gegen die sogenannte Durchsetzungsinitiative am 28. Februar 2016 auch in den bevorstehenden Kämpfen um das Recht Zuwandernder und Einheimischer ohne Schweizer Pass ermutigen. Mit der Durchsetzungsinitiative wären ausländische Straftäter des verfassungsmässigen Richters beraubt und dieser zum Vollstreckungsgefährten einer brutalen Volksjustiz degradiert worden. Für einmal vermochte aber auch das Feindbild des «kriminellen Ausländers» einer Mehrheit der Stimmenden das Augenmass nicht zu trüben und den Sinn für rechtsstaatliche Elementargebote (richterliche Einzelfallprüfung, Verhältnismässigkeitsgrundsatz, Beachtung der Grund- und Menschenrechte) nicht zu vernebeln.

Diese Erinnerung ist wachzuhalten.

Psychologie

Verloren in der Freiheit
Eritreische minderjährige Flüchtlinge leiden unter Perspektivlosigkeit

Fana Asefaw[1]

1. Zunahme der Asylgesuche von unbegleiteten Minderjährigen

Die Schweiz zählt nach Deutschland und Schweden zu den Ländern, die am häufigsten von Flüchtlingen aus Eritrea aufgesucht werden.[2] Minderjährige unter ihnen, die sich ohne Eltern ausserhalb ihres Herkunftslandes aufhalten, sind besonders verwundbar. Dies hat der UNO-Ausschuss für die Rechte des Kindes 2005 in einem Kommentar festgehalten.[3] Wie jeder Staat ist die Schweiz verpflichtet, diesen unbegleiteten minderjährigen Asylsuchenden (UMA) einen besonderen Schutz zukommen zu lassen. Durch einen S-Ausweis können Schutzbedürftige rechtlich anerkannt werden. Dieser Ausweis berechtigt zum vorläufigen Aufenthalt in der Schweiz, jedoch weder zum Grenzübertritt noch zur Wiedereinreise. Aus der Gültigkeitsdauer eines provisorischen Ausweises kann kein Anwesenheitsrecht abgeleitet werden. Zudem sind die Aufenthaltsbedingungen in vielerlei Hinsicht problematisch, wie NGOs mehrfach aufgezeigt haben. In Anbetracht des starken Anstiegs der Zahl unbegleiteter Kinder und Jugendliche, die auf der Flucht sind, wird sich die Problematik künftig noch verschärfen.

---

1   Dr. med. Fana Asefaw ist Fachärztin für Kinder- und Jugendpsychiatrie und -psychotherapie und behandelt unter anderem Menschen mit posttraumatischen Belastungsstörungen. Teile dieses Textes stammen aus dem geplanten Buch *Am Ende der Flucht – Verloren in der Freiheit* der Autorin (voraussichtlicher Erscheinungstermin: Herbst 2018, boox-verlag).

2   Vgl. Staatssekretariat für Migration SEM, *Asylstatistik 3. Quartal 2017*, online unter: https://www.sem.admin.ch/dam/data/sem/publiservice/statistik/asylstatistik/2017/stat-q3-2017-kommentar-d.pdf (1.11.2017).

3   Vgl. *Unbegleitete minderjährige Asylsuchende in der Schweiz*, online unter: https://www.humanrights.ch/de/menschenrechte-schweiz/inneres/gruppen/kinder/unbegleitete-minderjaehrige-asylsuchende-schweiz (28.8.2017).

Die Zahl der in der Schweiz registrierten UMAs stieg von 337 im Jahr 2013 auf 795 im Jahr 2014 und auf 2736 im Jahr 2015.[4] 2016 haben fast 2000 unbegleitete Minderjährige in der Schweiz ein Asylgesuch gestellt. Die Zahl hat sich somit innert weniger Jahre vervielfacht. Dies lässt sich nicht alleine durch eine allgemeine Zunahme an Asylsuchenden erklären, denn auch anteilsmässig ist die Zahl von unbegleiteten Kindern und Jugendlichen von 3.34 Prozent auf 6.92 Prozent von allen Asylsuchenden gestiegen. Die meisten UMAs sind zwischen 16 und 17 Jahren alt und kommen aus Eritrea, Afghanistan, Somalia oder Syrien. Rund 15 Prozent davon sind Mädchen. Die meisten sind Teenager, aber es gibt auch sehr junge Kinder darunter. Wichtigstes Herkunftsland der unbegleiteten minderjährigen Asylsuchenden blieb 2016 Eritrea.[5]

Die deutliche Zunahme ihrer Zahl stellt uns vor strukturelle und personelle Herausforderungen. Die involvierten Fachpersonen sehen sich mit neuen Fragestellungen konfrontiert, da es sich um hochgradig gefährdete junge Menschen handelt. Wissenschaftler in Deutschland beschrieben deren psychische Auffälligkeiten, um den Hilfebedarf darzustellen.[6] In einem weiteren Schritt erfassten sie die bereits existierenden Hilfsangebote anhand der Rückmeldungen von UMAs.[7] Daraus resultierte ein klinisches Bild, das vorrangig von einer posttraumatischen Stresssymptomatik geprägt ist, wobei sich im Langzeitverlauf eine hohe Konstanz anhaltender psychischer Belastung zeigte. Daneben existierte in der untersuchten Gruppe jedoch auch ein erheblicher Teil resilienter UMAs. Mehrfach wurde von den UMAs der Wunsch nach Schulbildung und rascher sprachlicher Integration geäussert.

Die eritreischen UMAs scheinen mit dem Integrationsprozess in der Schweiz mehrheitlich überfordert zu sein. Viele von ihnen werden in unserer Migrations- und Traumasprechstunde der Clienia AG in Winterthur vorstellig. Nicht zuletzt deshalb, weil ich als Autorin ihre Sprache spreche und aufgrund derselben Herkunft die kulturellen Gegebenheiten Eritreas verstehe. Aus fachärztlicher Sicht zeigen nicht wenige der Betroffenen Stressfaktoren, unter denen sie extrem leiden und für deren Verarbeitung sie, im Gegensatz zur Situation auf der Flucht oder vorher in ihrer Heimat, keine Strategien mehr entwickeln können. Daraus leiten

4   Vgl. ebd.
5   Vgl. Yonas GEBREHIWET/Aline WANNER, *Wie geht es den unbegleiteten Jugendlichen?*, in: Die Zeit Nr. 40/2015 vom 5.10.2015, online unter: http://www.zeit.de/2015/40/jugendliche-ohne-eltern-flucht-schweiz (28.8.2017).
6   Vgl. *Hilfebedarf und Hilfsangebote in der Versorgung von unbegleiteten minderjährigen Flüchtlingen*, online unter: http://econtent.hogrefe.com/doi/abs/10.1026/0942-5403/a000177 (28.8.2017).
7   Vgl. ebd.

sich meines Erachtens folgende Fragen rund um die Unterstützung betroffener UMAs ab:

- Unter welchen Stressfaktoren leiden unbegleitete minderjährige Asylsuchende aus Eritrea in der Schweiz, und welchen zunehmenden Einfluss haben jene auf die Gesundheit und den Integrationsprozess der Betroffenen?
- Warum gelingt es aktuell den Flüchtlingen aus Eritrea kaum, ihre eigenen Ressourcen zu mobilisieren – obwohl sie in der Vergangenheit in ihrem Heimatland und auf der Flucht bewiesen haben, dass sie imstande sind, viele neue Herausforderungen zu meistern?
- Welche Unterstützung brauchen Flüchtlinge aus Eritrea, um eigene Ressourcen zu mobilisieren bzw. die Resilienzentwicklung zu fördern?
- Was benötigen die verantwortlichen Schweizer Fachpersonen (Sozialarbeiter und -arbeiterinnen, Betreuerinnen und Betreuer, medizinisches Personal), um die UMAs so zu unterstützen, dass einerseits die Kosten nicht explodieren und andererseits die asylsuchenden Personen mit der Zeit einen Beitrag an unsere Gesellschaft leisten können?
- Können durch eine gastfreundliche Haltung und eine menschliche Willkommenskultur das Leiden und die Probleme auf beiden Seiten gemindert werden?

2. Postmigratorische Stressfaktoren

Seit Generationen herrscht in der Heimat dieser Zielgruppe von UMAs Krieg oder ein kriegsähnlicher Zustand zwischen Eritrea und Äthiopien. Erwachsene und Jugendliche ab dem 16. Lebensjahr werden zum Militär- oder Zivildienst auch gegen ihren Willen und auf unbestimmte Zeit eingezogen.[8] Um dieser fortwährenden Zwangsrekrutierung zu entfliehen und ein besseres Leben in Europa zu führen, das persönliche und berufliche Perspektiven bietet, machen sich viele junge und gesunde Eritreer auf den Weg und flüchten. In der Vergangenheit gelang es vielen von ihnen, die Herausforderungen auf der langen Fluchtroute von Eritrea über Äthiopien, Sudan, Libyen und Italien bis schliesslich in die Schweiz zu meistern. Wochen-, monate- und manchmal auch jahrelang waren sie ohne ihre Eltern unterschiedlichen schwierigen Situationen ausgeliefert. Nicht wenige

---

8   Vgl. *Zwangsrekrutierung von Kindern*, Beitrag vom 22.1.2015, online unter: https://www.fluecht lingshilfe.ch/medien/medienmitteilungen/2015/eritrea-zwangsrekrutierung-von-kindern.html (28.8.2017).

der Kinder und Jugendlichen wurden Opfer von seelischer, körperlicher und sexueller Gewalt.

Bis zu ihrer Ankunft in der Schweiz hatten sie keine Unterstützung durch Sozialhilfe oder Krankenversicherung gekannt. Wenn sie durch Verwandte im Ausland nicht finanziell unterstützt werden konnten, haben sie unterschiedliche Hilfsjobs angenommen und konnten so ihr Überleben sichern und die Flucht finanzieren. In solchen Situationen mobilisierten sie ihre Ressourcen und wurden widerstandsfähig.

Trotzdem kennzeichnet diese Flüchtlinge eine hohe Verletzlichkeit oder Vulnerabilität, die verschiedene Faktoren mitbestimmen: So werden die strukturellen und personellen Einschränkungen durch aufenthaltsrechtliche Bestimmungen und der damit verbundene lang andauernde Prozess bis zum Asylentscheid von den UMAs als Stressfaktoren wahrgenommen. Zudem ist die Chance, einen positiven Asylentscheid zu erhalten, seit Februar 2017 kleiner geworden. Damals traf das Schweizer Bundesverwaltungsgericht den Grundsatzentscheid, dass die illegale Ausreise aus Eritrea allein für die Anerkennung des Flüchtlingsstatus nicht ausreicht. Für einen positiven Asylentscheid müssen also weitere Faktoren als Asylgrund dazu kommen.[9]

Aktuell gelingt es vielen UMAs und jungen Eritreern im Adoleszenzalter daher nicht, im Ankunftsland die eigenen Ressourcen zu mobilisieren und ihre Resilienzfaktoren zu entwickeln. Stattdessen entwickeln viele von ihnen seelisches Leiden und psychosomatische Symptome, denen wir mit unseren medizinischen Behandlungsmethoden nicht immer gerecht werden.

Was sind die Gründe? Nach der Ankunft in der Schweiz werden die jungen Flüchtlinge oft in Asylunterkünften und Durchgangsheimen für Minderjährige, manchmal auch zusammen mit Erwachsenen, für Wochen oder mehrere Monate untergebracht. Für die meisten beginnt eine unerträgliche Zeit des Wartens, bis der Asylprozess in Gang kommt. In dieser Zeit haben sie ihrer Ansicht nach oft keine angemessene Tagesstruktur, keine Schule oder sonstige Beschäftigung. Die Einrichtungen seien weit weg von Stadtzentren und in schäbigem Zustand. Es existieren sogar sogenannte sensible Zonen (zum Beispiel Schulen, Hallenbäder und andere öffentliche Einrichtungen), wo sie sich nicht aufhalten dürfen bzw. nicht erwünscht seien.

Hingegen bekommen UMAs regelmässig Geld vom Sozialamt, um ihre täglichen Bedürfnisse decken zu können. Für viele von ihnen ist dies eine befremdliche Situation, die sie bisher so nicht kannten. In der Vergangenheit mussten sie

---

9 Vgl. *Kein Asyl für illegal ausgereiste Eritreer*, in: Südostschweiz vom 2.2.2017, online unter: https://www.suedostschweiz.ch/politik/2017-02-02/kein-asyl-fuer-illeal-ausgereiste-eritreer (28.8.2017).

für sich selber sorgen, um ihr Überleben zu sichern. Das gab ihnen aber eine sinnstiftende Beschäftigung und eine Tagesstruktur. Vom Geld, das sie nun bekommen, schicken sie regelmässig einen Teil nach Hause zu ihren Familien, die sich in Not befinden. Im Gespräch mit diesen erzählen sie allerdings eine andere Geschichte, nämlich dass sie in Europa gut angekommen seien und bereits eine persönliche und berufliche Perspektive gefunden hätten. Hingegen erwähnen sie in den Telefonaten nicht, in welch misslicher Lage sie sich befinden, weil es für sie einen Gesichtsverlust bedeuten würde. In der medizinischen Sprechstunde bei mir berichten sie jedoch von den zwei Welten, in denen sie leben und die nicht zusammenpassen: in der realen Welt, die sehr belastend und demoralisierend ist, und in der Fantasiewelt, in der sie ihren Verwandten erzählen, wie wunderschön Europa ist – so wie sie es auf der Flucht noch selber geglaubt hatten. Diese Situation kann zu einer Identitätskonfusion führen.

Aus Sicht der UMAs geht nach ihrer Ankunft in der Schweiz sehr viel wertvolle Zeit verloren, in der nichts passiert. Sie langweilen sich und haben Heimweh, sie sind enttäuscht über die hiesigen Bedingungen und verstehen kaum, wie der Integrationsweg für sie aussieht. Steigende Unsicherheit und Angst vor Ablehnung und Ausweisung aus dem Land machen sich bemerkbar. Insuffizienzerleben plagt die jungen Menschen. Insbesondere junge männliche eritreische Flüchtlinge versuchen sich mit Alkohol oder Drogen selber zu stabilisieren, obwohl sie sich gar nicht um ihr Überleben kümmern müssen. Die fehlende Tagesstruktur verleitet sie dazu, nachts wach zu sein und sich zu amüsieren und den Tag zu verschlafen. So landen sie in einem Teufelskreis, aus dem sie nur schwer herausfinden, etwa wenn ein gutes Angebot wie Sprachkurse an sie herangetragen wird.

Zu den Integrationsherausforderungen zählen die sprachlichen und kulturellen Barrieren auf beiden Seiten. Die individualistischen Werte der hiesigen Gesellschaft erleben viele Flüchtlinge zunächst als Überforderung, obwohl sie ihnen auch Freiheiten und Entwicklungsmöglichkeiten bieten. Beispielsweise überfordert sie die Möglichkeit zur Verhütung und damit zur Familienplanung, weil ihre kulturelle und religiöse Prägung dies nicht erlaubt. Offiziell dürfen sie voreheliche Sexualität nicht leben. Die bemühten Fachpersonen wie Beistände und Sozialarbeiterinnen legen ihnen jedoch Verhütungsmethoden nahe und fühlen sich dann sehr frustriert, wenn die jungen Mädchen die Angebote nicht nutzen und nicht selten einen Schwangerschaftsabbruch erleiden. Hier bräuchten die UMAs eine Auseinandersetzung mit Kulturvermittlerinnen und -vermittlern, die ihnen helfen, den kulturellen Wertespagat, der mit vielen negativen Emotionen einhergehen kann, zu durchleben und die positiven Seiten der angebotenen Massnahmen zu verstehen.

Minderjährigen Asylsuchenden fehlen erwachsene Bezugspersonen, die sich um ihre Bedürfnisse und Nöte kümmern. In ihren Heimatländern waren sie häufig eng im familiären Kontext eingebettet, sie befanden sich in einem kollektivistischen System. Das Wohlbefinden aller Familienmitglieder stand im Vordergrund. Sowohl im familiären System wie auch im Schulkontext hatten sie wenig Spielraum, individualistisches Denken und Handeln einzuüben. Erwachsene werden als Autoritätspersonen wahrgenommen und respektiert. Persönlich getroffene Entscheidungen und eigene Lösungsideen werden nicht gefordert. Hier in Europa müssen sie zuerst lernen selber zu entscheiden. Dabei würden sie von einer verlässlichen erwachsenen Person profitieren, der sie sich anvertrauen und mit der sie über ihre besonderen Bedürfnisse sprechen könnten.

Befremdlich und anfangs auch überfordernd ist für UMAs ferner die Situation, dass ihnen verschiedene Fachpersonen zugeordnet sind. So zum Beispiel ein Beistand, der die Funktion eines gesetzlichen Vormundes übernimmt, bis sie volljährig werden. Oder eine Sozialberaterin, die für Integration und finanzielle Belange zuständig ist. Oder sozialpädagogische Bezugspersonen in den Unterkünften, die sie unterstützen. Dabei betonen die UMAs mir gegenüber oft, dass sie die Zuständigkeiten der vielen ihnen zugeordneten Fachpersonen nicht wirklich verstehen. Sie brauchen stattdessen beständige Beziehungen und regelmässige bilaterale Kontakte zu einer Person, die für sie längerfristig zuständig ist. Es würde ihnen viele Unsicherheiten und Ängste nehmen, wenn sie eine Bezugsperson haben könnten, die als Case-Managerin fungiert und den Austausch mit den anderen Fachpersonen koordiniert.

Die meisten eritreischen Flüchtlinge sind sehr gläubig und gehen ihrem religiösen Glauben hier regelmässig mehrmals pro Woche nach. Aus ihrer Sicht bekommen sie dadurch Halt und Zuversicht. Selbst seelisches Leiden oder psychosomatische Erkrankungen erklären sie kulturell oder religiös und vertreten die Überzeugung, dass sie von einem bösen Geist oder vom Teufel besessen seien und nur der eritreische Pfarrer die Fähigkeit besitze, sie davon zu heilen. Aus unserem medizinischen Verständnis heraus kann so ein akutes Leiden teilweise wie eine beginnende psychotische Erkrankung anmuten, wenn jemand wahnhaft wirkt und über akustische und visuelle Halluzinationen berichtet. Es kann auch wie eine Traumafolgestörung aussehen. Die Betroffenen wünschen in der Akutphase mehrheitlich keine Klinikeinweisung oder medizinische Behandlung, schon gar keine Medikamentenabgabe mit Spritze oder eine Blutabnahme, weil das für sie negativ konnotiert ist.

Solche Situationen sind heikel. Immer wieder werden Eritreer in einem Zustand, der zunächst akut anmuten kann, gegen ihren Willen mit einer Fürsorgerischen Unterbringung (FU) in Psychiatrische Kliniken überwiesen. Dort ist oft auf beiden Seiten Überforderung spürbar. Professionelle eritreische Dolmetscher sind selten, und die Jugendlichen lehnen diese teilweise aus politischen Gründen ab, weil sie vermuten, der Dolmetscher könnte ein Befürworter der eritreischen Regierung sein. Solche Patienten klinisch einzuschätzen, ist eine diagnostische Gratwanderung. Aus Scham berichten viele Patienten nicht darüber, welche Symptome sie wirklich quälen und ängstigen. Ausserdem lehnen sie oft das angebotene Klinikessen ab, weil sie sich bisher mit der westlichen Ernährung nicht vertraut machen konnten. UMAs verpflegen sich selbst und kochen kulturell vertraute Gerichte. Manche UMAs sind mangelernährt, besonders männliche Jugendliche, die nicht gut kochen können und sich daher sehr ungesund und unregelmässig ernähren.

3. Empfehlungen und Fazit

Ich betrachte die Situation vieler eritreischer Flüchtlinge in der Schweiz mit Sorge. Dies, obwohl es aber auch Flüchtlinge gibt, denen die Integration in der Schweiz ganz gut gelingt. Unabhängig von individuellen Faktoren wie guten Ressourcen und hoher Widerstandsfähigkeit zeigt sich, dass der Einsatz von individuell engagierten Integrationsfachleuten einen positiven Beitrag dazu leistet. Es gibt viele gute Projekte in der Schweiz, in denen Schülerinnen, Studenten oder Senioren Flüchtlinge freiwillig in diversen Integrationsschritten unterstützen. Darüber hinaus kann die Auffanggesellschaft den schweren Stand geflüchteter junger Menschen in der Schweiz erleichtern, indem eine Willkommenskultur gepflegt und Gastfreundschaft gelebt wird. Das bedeutet, dass man in der Begegnung mit diesen Menschen eigene Vorurteile abbauen muss, auf sie zugehen und sie im Alltag Menschlichkeit spüren lassen sollte. Das heisst zum Beispiel, ihnen zu helfen, wenn sie nicht wissen, wie man eine Fahrkarte löst, sie freundlich anzulächeln und zu begrüssen, sie einzuladen und mit ihnen ins Gespräch zu kommen.

Niederschwellig sollten Schlüsselpersonen und Kulturvermittler mit den Flüchtlingsinstitutionen zusammenarbeiten. Da ihnen beide Kulturen vertraut sind, können sie die Flüchtlinge besser verstehen und ihnen Strategien aufzeigen, wie sie längerfristig den emotionalen Stress, die sprachlichen und kulturellen Barrieren, aber auch die Enttäuschung über mangelnde Perspektiven und mangelnde positive Selbstwirksamkeitserfahrung während des lang andauernden Integrationsprozesses überwinden können. Auch ist es zielführender, wenn die jungen Flüchtlinge im Alltag mit der Gesellschaft im Austausch stehen und es keine sensiblen Zonen gibt, wo sie nicht hindürfen. Sie sollten Freizeit- wie auch kulturelle Angebote kennenlernen und daran teilnehmen dürfen.

Besser Beobachter als Gast

ALEKPER ALIYEV

Den Autor Friedrich Dürrenmatt lernte ich als Jugendlicher kennen. «Der Besuch der alten Dame» kann man als meinen Erstkontakt mit der Schweiz betrachten. Das Bild von Claire Zachanassian brannte sich für immer in mein Hirn ein, und dank des gesegneten Stiftes des Verfassers wurde der Ort Güllen für mich zum Miniaturmodell der Schweiz.

Der kürzeste und eindrucksvollste Weg, ein Land und sein Volk kennenzulernen, führt über dessen Literatur. Vollkommen klar, dass das Güllen-Schweiz-Bild in meinem Kopf kein positives war. Es war deprimierend und erschreckend.

Jahre vergingen. Erst nachdem sich bereits abzeichnete, dass ich in Zukunft in der Schweiz leben würde, stellte ich fest, dass meine Informationen über die Schweiz eigentlich sehr oberflächlich waren. Ich musste das Land, in das ich mit meiner Familie übersiedeln und wo ich womöglich mein gesamtes verbleibendes Leben verbringen würde, erst einmal eingehender kennenlernen. Der erste Schriftsteller, der mir dabei zur Hilfe kam, war Peter Bichsel – er gab mir wertvolle Einblicke in die Mentalität der Schweizer. Bichsel schrieb: «Wir haben uns sehr daran gewöhnt, Museum zu sein. Es macht uns Spass, von Ausländern bewundert zu werden, und wer von einem ‹Sonderfall Schweiz› spricht, meint das ‹Museum Schweiz›, eine Demokratie zu Demonstrationszwecken.»[1]

Ich gebe zu, dass ich diese Eigenheit der Schweizer sehr spannend fand, schliesslich liess das übertriebene Interesse am Urteil anderer über das eigene Land auf einen ernsthaften Komplex schliessen. Aber was war das für ein Komplex? Wie Recht Bichsel hatte, stellte ich fest, nachdem ich in die Schweiz gezogen war. Sämtliche Schweizer, denen ich begegnete, fragten: «Gefällt Ihnen die Schweiz?», und erwarteten natürlich als Antwort: «Es gibt kein schöneres Land auf der Welt.»

Natürlich brauche ich noch mehr Zeit, um sämtliche soziokulturelle Schichten dieses Phänomens zu durchdringen. Schliesslich bin ich immer dabei, die

---

1   Peter BICHSEL, *Des Schweizers Schweiz*, Zürich 1984, 36.

Schweiz kennenzulernen. Die bedeutendste Hilfestellung bei diesem Prozess kam von meinem lieben Propheten und Vorbild Stefan Zweig. Sein Werk «Castellio gegen Calvin oder Ein Gewissen gegen die Gewalt» halte ich für die wichtigste Schrift, die der Schweizer Gesellschaft einen bis heute gültigen Spiegel vorhält. Wer Calvin nicht kennt, kann die Schweiz und die Schweizer nicht kennen. Und um die mentalen Besonderheiten zu verstehen, die bis heute vorherrschen, muss man verstehen, was dieses Land durchgemacht hat – beispielsweise aus welchen Gründen es bis in die zweite Hälfte des Zwanzigsten Jahrhunderts Kindersklaven, sogenannte Verdingkinder, gab.

Um zum Anfang der Ausführungen zurückzukehren: Ich fühle mich weder in existenziellem Sinne noch auf intellektueller Ebene in der Schweiz als Gast oder fremd. Ich denke, dass ich ein besserer Beobachter bin, als es ein Gast es sein könnte, und dass ich die Schweiz gut kenne.

Man kann sich in einer Kultur, in der man sich auskennt, nicht als Gast fühlen. Aber natürlich gibt es, wenn man derart tief eintaucht, auch Seiten und Aspekte, die einen stören. «Ich kenne euch, ich bin kein Opfer des Schokolade- und Käse-Stereotyps!», will ich manchmal sagen, aber das geht nicht, weil es in der Schweiz nicht viele gibt, die wissen, was ich weiss, und wenn sie es wissen, reden sie nicht gern darüber.

Um diesen tiefschürfenden und verstörenden Aspekt auszublenden, sprechen wir lieber ein wenig von den Unterschieden in Mentalität und Lebensart, die uns Kaukasier von den Schweizern unterscheiden. Von jenen Unterschieden, die dazu führen, dass ich mich doch hin und wieder als Gast in der Schweiz fühle.

Vielleicht fängt es schon dabei an, dass der Schweizer anders lächelt als der Kaukasier. Der Schweizer kann dir freundlich ins Gesicht lächeln, dich trotz dieses Lächelns aber, und da kannst du dir sicher sein, kein bisschen an sich heranlassen. Der Kaukasier hingegen lächelt dich an oder kümmert sich sogar um dein leibliches Wohl, während du dir sicher sein kannst, dass, sobald du ihm deine Sorgen anvertraust und ein wenig Freundschaft aufbaust, er Zeit für dich freischaufeln wird, um dir zuzuhören. Vielleicht wird er sogar versuchen, dir zu helfen, keinesfalls aber wird er denken: Ich habe diesem Menschen gegenüber schliesslich keine Verpflichtung.

Ich bin jemand, der seinen persönlichen Freiraum mag und versucht, so viel Abstand wie möglich zu halten. Aber so viel dem Kaukasier sein persönlicher Freiraum auch bedeuten mag, so heilig und unantastbar wie derjenige des Schweizers ist er ihm nicht. Ich mag unerwartete, spontane Besuche, und weil es nötig ist, lasse ich die Menschen inzwischen auch an mich heran. Ich geniesse das.

Das Verhältnis von uns Kaukasiern zum Geld ist eher verantwortungslos. Wir machen keine täglichen, wöchentlichen, monatlichen Abrechnungen. Es gibt keine feste Regel, wonach, wenn wir mit Freunden ausgehen, jeder für sich selbst aufkommt. Es funktioniert nach dem Prinzip: Dein Geld ist mein Geld.

Im Kaukasus ist man zu Hause, in der Freizeit oder am Wochenende bereit weiterzuarbeiten. Wir staunen nicht über eine die Arbeit betreffende Nachricht des Nachts, wir geben sogar Antwort, wir beantworten am Wochenende Arbeitsemails, wir helfen auch in der Freizeit dabei, Probleme am Arbeitsplatz zu lösen. Wir erholen uns bei der Arbeit und arbeiten, während wir uns erholen. Im Grossen und Ganzen gibt es keine klare Trennung zwischen Arbeit und Erholung.

Abschliessend wiederhole ich, was ich einem Schweizer Bekannten auf folgende Frage antwortete: «Wie fühlst du dich als Autor in der Schweiz?» Als Autor habe ich in der Schweiz meine eigene Nutzlosigkeit begriffen, antwortete ich ihm. Für Literatur braucht es Ereignisse, in der Schweiz aber passiert nichts. In dieser calvinistisch disziplinierten Gesellschaft kann keine starke Literatur entstehen, die die Existenz des Menschen erschüttert. Literatur ist kein augenschmeichelndes Ikebana, kein elitäres Salon-Vergnügen für Champagnersüchtige. Literatur ist Aufstand. Der Aufstand aber steht im Widerspruch zur Schweizer Mentalität.

Übersetzung: Sara Winter Sayilir

Gelebte Gastfreundschaft

Ziviler Ungehorsam
Gastfreundschaft und politische Verantwortung

Anni Lanz

Ich habe rund 15 Jahre lang in selbstverwalteten Beizen Gäste bewirtet. Eine berstend volle Gaststube bedeutete nicht nur ein gesichertes Einkommen, sondern auch, dass die Gäste die Art der gewährten Gastfreundschaft schätzten. Gastfreundschaft ist mehr als die Verköstigung und Unterbringung von Freunden und Bekannten. Sie umfasst auch die respektvolle und grosszügige Aufnahme von Fremden und befremdenden Personen. Eine gute Gastgeberin vermittelt den Besuchenden, sowohl im privaten wie im kommerziellen Bereich, unterschiedslos das Gefühl, willkommen und gut aufgehoben zu sein. Asyl hat mit Gastfreundschaft zu tun, doch geht es in den Aufnahmeverpflichtungen der Gastgebenden viel weiter: Der Gast soll sich gut aufgehoben und geschützt fühlen, auch wenn dem Gastgebenden dadurch Ungemach droht, etwa dann, wenn sich die Feindschaft des Verfolgers auch gegen den Schutzgebenden richtet.

1. Eine bindende Gastfreundschaft

Als ich 1985 zur Asylbewegung stiess, versteckten Freiwillige in der ganzen Schweiz Asylsuchende vor dem Zugriff der Behörden. Das Ehepaar Heidi und Peter Zuber rief zu zivilem Ungehorsam auf. In den grösseren Schweizer Städten kam es zur Einrichtung von Kirchenasylen. Angesprochen von Zubers Appellen fühlte ich mich verpflichtet – und dies war mein Einstieg in ein langjähriges Engagement –, Schutzsuchende solange zu beschützen, als ihnen Gefahr drohte. Ich ging damit, zusammen mit anderen Mitstreitenden, eine Gastfreundschaft ein, mit der ich mich auf eine grosse, unbefristete Verantwortung für den Gast einliess. Sie war erst beendet, wenn für den Gast die Sicherheit ausserhalb des Gastraumes wiederhergestellt war. Das hiess, dass diese Art Asyl mit einer kontinuierlichen Anstrengung um eine gütliche Regelung mit den Behörden einherging. Das hiess auch, dass solche Aktionen eine grosse öffentliche Bekanntmachung und Zustimmung erfahren mussten und dass sie von einem breiten Zusammenschluss an der Basis über alle politischen und religiösen Grenzen hinweg ausgingen. Diese Aktionen erforderten also eine Solidarität, die weit über eine zwischenmenschliche Beziehung zwischen Gast und Gastgeber und eine abstrakte Absichtserklärung hinausreichte, ebenso wie die Verhandlungsbereitschaft mit dem politischen Gegner, der sich oft hinter seinem Legalismus verschanzte. Sie erforderte auch politisches Geschick, denn die Behörden durften am Schluss nicht als Verlierer dastehen.

In allen folgenden Jahrzehnten kam es immer wieder zu öffentlich gemachten Versteckaktionen wie etwa 2002, als die Kirchenbesetzungen am Anfang der Sans-Papiers-Bewegung standen. Diese von politisch motivierten Basisgruppen durchgeführten Aktionen vermochten oft die behördliche Praxis etwas zu lockern, riefen aber unter den Politikern die Hardliner auf den Plan, die, sobald die Bewegung abflaute, die Regeln wieder verhärteten. Natürlich gab es viele Versteckaktionen, die oft erfolgreich waren, aber nie publik gemacht wurden und deshalb auch kaum je ein politisches Nachspiel hatten. Dort kam es entsprechend häufiger zu Bestrafungen.

Was den Versteckenden und Versteckten Mut abverlangte, waren aber weniger die drohenden behördlichen Sanktionen als die Folgen erfolgloser Lösungssuche. Die Eingeengtheit und Abhängigkeit der Beschützten von ihren Beschützern wurden auf Dauer unerträglich. Bei den Versteckten traten Depressionen auf, bei den Versteckenden Ohnmachtsgefühle. Doch es gab kein Davonlaufen, man war aneinandergefesselt. Was beiden Seiten abverlangt wurde, war eine ungeheure Dauerbelastung, verbunden mit unzähligen schlaflosen Nächten. Sich darauf einzulassen, erforderte die Wahrnehmung der eigenen Grenzen. Als Gruppe waren die Versteckenden eher fähig, auftretende Schwächen auszugleichen. Die Versteckten aber waren ihren Beschützern erbarmungslos ausgeliefert, auch wenn sich die Letzteren um möglichst demokratische Entscheide bemühten. Die beschützenden Aktivistinnen und Aktivisten an der Basis von Kirchgemeinden oder politischen Zusammenschlüssen funktionierten meistens antihierarchisch, das heisst, die anstehenden Probleme wurden «ausdiskutiert». Ein Interessenkonflikt tat sich im Gastfreundschaftsverhältnis auf: Die Beschützten waren vor allem an einer persönlichen Entlastung und Befreiung interessiert, während die Beschützenden bei öffentlichen Aktionen vor allem an einer politischen Verbesserung arbeiteten und den Beschützten zumuteten, persönliche Einschränkungen dafür in Kauf zu nehmen.

2. Die Rolle der Opfererzählung

Die Opferrolle gemäss unserem kulturspezifischen Verständnis spielte und spielt eine grosse Rolle im Gewähren von Asyl und Kirchenasyl. Nur wer in der Heimat wehrlos einem gewalttätigen Verfolger ausgesetzt ist, verdient – so scheint es – unsere Gastfreundschaft. Die Kirchenasyle der Achtziger- und Neunzigerjahre bauten auf solchen Erzählungen auf. Armutsflüchtlinge haben jedoch geringe Chancen auf Asyl und damit auf unsere Empathie – verdienen somit kaum Anerkennung als Opfer. Wahrscheinlich schwingt da unterschwellig unsere kulturspezifische Vorstellung mit, wonach jedes Individuum den eigenen materiellen Misserfolg selber verschuldet. Diese Auseinandersetzung über die Bleiberechte von Armutsmigranten begann in der Asylbewegung bereits in den Neunzigerjahren.

Die meisten Sans-Papiers, also Personen, die sich ohne Aufenthaltsberechtigung und für eine nicht absehbare Zeit in der Schweiz aufhalten und hier arbeiten, versuchen mit ihren mageren Löhnen riesige Familienclans zu Hause durchzubringen. Die Lohnüberweisungen von Migrantinnen und Migranten sind für zahlreiche arme Länder und Familien zu einer der wichtigsten Einnahmequelle geworden, die die Entwicklungshilfe um ein Vielfaches übersteigt. Die persönlichen Opfergeschichten der Emigrierten blenden die weltwirtschaftlichen Zusammenhänge jedoch aus. Diese wiederum eignen sich schlecht als Auslöser für ein Kirchenasyl, zumindest in der Deutschschweiz. Der Bedarf an Opfererzählungen wird damit nicht gestillt. Vergessen ist die eigene Geschichte verarmter Emigranten aus der Schweiz, die sich im fremden Ausland fremden Boden aneigneten und damit oft Erfolg hatten. Geringes Mitgefühl für Armutsflüchtlinge zeigen auch die gescheiterten Kirchenasyle der jüngsten Zeit in der Deutschschweiz. Erfolgreich in der Sans-Papiers-Bewegung in den Nullerjahren waren vor allem Erzählungen schamloser Ausbeutung hier in der Schweiz – wiederum Opfererzählungen. Doch insbesondere Sans-Papiers-Hausangestellte erhalten einen verhältnismässig anständigen Lohn, es sei denn, sie arbeiten als Vollzeitpflegende bei betagten Personen.

3. Ziviler Ungehorsam

Bei den Versteckaktionen, Kirchenasylen und Kirchenbesetzungen, von den Gegnern als rechtsfreie Räume verfemt, setzen sich die Aktivistinnen und Aktivisten und «Beschützten» über gesetzlich gestützte Anordnungen hinweg, indem sie sich auf übergeordnetes Recht oder auf eine höherstehende Gerechtigkeit berufen. Daran sowie an vollzogenen Gesetzesverstössen zeigten Medien grosses Interesse.

Sie interviewten mit Vorliebe Personen, die sich öffentlich möglichen Strafaktionen aussetzten. Zu solchen Sanktionen kam es aber sehr selten, und wenn, wie im Falle des Ehepaars Zuber, kam es zu einer aufsehenerregenden Gerichtsverhandlung, bei der der Richter später die Zubers um Verzeihung für das Strafurteil bat. In der Regel war, nach erhandelter einvernehmlicher Lösung, bei der die Behörden das Gesicht wahren und der Beschützte in der Schweiz bleiben konnten, die Bestrafung des Ungehorsams meistens kein Thema mehr.

Nicht so neulich in Basel-Stadt: Dort zeigte das Migrationsamt acht frisch legalisierte Hausangestellte und zwei ihrer Unterstützenden bei der Staatsanwaltschaft an, was im Rahmen einer grossen Kampagne öffentliches Aufsehen erregte. Für die Legalisierung eines Sans-Papiers wird eine mindestens zehn Jahre dauernde ununterbrochene Anwesenheit und eine existenzsichernde Erwerbsarbeit in der Schweiz vorausgesetzt. Diese Härtefallkriterien müssen – neben weiteren Voraussetzungen – in einem Gesuchsdossier belegt werden. Der in den acht Dossiers enthaltene Nachweis sowie die Namen von Unterstützenden wurden dann für eine Strafanzeige verwendet. Damit verletzten die Behörden eine ungeschriebene Regel und lösten Proteste aus.[1] Die europaweite Sans-Papiers-Bewegung wurde 1996 nicht zuletzt durch die mehrfache Verletzung einer solchen Regel ausgelöst, als die französische Polizei mit der Axt eine Kirchentür einschlug, hinter der Sans-Papiers vor der Ausschaffung Schutz gesucht hatten.

Kirchenasyle standen zu Beginn der neueren Asylbewegung und später der Sans-Papiers-Bewegung in der Schweiz. Der Rückgriff auf die uralte Tradition des Kirchenasyls vermag eine breite Basis zum Widerstand und zum zivilen Ungehorsam zu mobilisieren. Das Kirchenasyl unserer Zeit trägt anarchistische Züge und überträgt gewöhnlichen Gemeindemitgliedern und Engagierten an der Basis sehr grosse Verantwortung. Damit vermittelt es den Beteiligten an der Basis das Gefühl der Veränderungsfähigkeit von Machtstrukturen. Die unter grossem Einsatz gelebte Gastfreundschaft stärkt die Glaubwürdigkeit einer gegen Abweisung und Egoismus gerichteten Bewegung. Glaubwürdigkeit und konkrete Erfahrung sind – trotz allen Widersprüchen - das wichtigste Kapital von Basisbewegungen.

---

1 Vgl. Anni Lanz/Guy Krneta, *Baschi Dürr versteckt sich hinter Paragraphenreiterei*, Beitrag vom 24.8.2017, online unter: http://solinetzbasel.ch/baschi-duerr-will-absurde-bestrafung-von-sans-papiers-abschaffen (15.1.2018).

Ausgrenzung, Zwangsmassnahmen, Rückschaffungen
Was sind angesichts der Ungastlichkeit die Widerstände in der Westschweiz?

Amanda Ioset

Seit seinem Inkrafttreten 1981 erfährt das Asylgesetz in regelmässigen Abständen Revisionen, die es immer härter und ungastlicher machen. Die Geflüchteten, aber auch deren Unterstützer müssen sich ständig den neuen Gegebenheiten anpassen. So haben sich die Formen des Widerstands immer weiterentwickelt. Heute erfordern die Mechanismen der Dublin-Verordnung und der vermehrte Rückgriff der Behörden auf Zwangsmassnahmen neue Strategien gegen die Gewalt der Ausgrenzung. Wie das geht, zeigt das Beispiel des Collecif R, das im Kanton Waadt seit dem 8. März 2015 die Tradition des Kirchenasyls wiederaufleben lässt. Das Engagement des Collectif R besteht darin, den von einer Dublin-Rückschaffung bedrohten Personen Schutz zu gewähren. Diese werden in einem Refugium untergebracht, das gleichzeitig Obdach, Begegnungsort und Raum für die Forderungen der Flüchtlinge ist. Das Collectif R führt den Kampf auf zwei Ebenen: Auf der individuellen sucht es für jede Person eine eigenständige Lösung, auf der politischen kämpft es für die Abschaffung des Dublin-Reglements.

1. Die kalte Mechanik der Dublin-Verordnung

Asylsuchende müssen ihr Gesuch in dem Dublin-Staat stellen, den sie als Ersten betreten haben. Das Dublin-Abkommen, dem sich alle EU-Staaten sowie Island, Liechtenstein, Norwegen und die Schweiz angeschlossen haben, hat zum Ziel, dass nur ein einziger Dublin-Staat das Asylgesuch für eine asylsuchende Person prüft. Steht die Zuständigkeit einmal fest, findet das nationale Recht des zuständigen Dublin-Staates Anwendung. Ziel des Abkommens ist es, Mehrfachgesuche zu vermeiden und die Zuständigkeit eines Dublin-Staates für eine asylsuchende Person zu regeln. Alle anderen Staaten gelten als «nicht zuständig» und können die Schutz suchende Person in den angeblichen Erstasylstaat zurückschaffen. Das ist die Regel, der die Asylpolitik der EU seit dem Dubliner Abkommen von 1990 folgt. Die Schweiz hat im Dezember 2008 mit der Anwendung der Dublin-Verordnung begonnen. Seither hat sie sie für die Rückschaffung von 26 960 Personen in Anspruch genommen, während sie unter dem gleichen Titel lediglich 3590 Personen aufnehmen musste. In den letzten Jahren haben die sich mit den Flüchtlingen solidarisierenden Organisationen wie Solidarité sans frontières, Welcome to Europe oder Amnesty International die Behörden immer wieder gewarnt: Die Dublin-Rückschaffungen zerstören Leben, zerschlagen Hoffnungen, verletzen gewisse Grundrechte. Aufgrund von Erzählungen Betroffener, die von den Organisationen publik gemacht und von den Medien aufgenommen werden, nimmt eine zusehends breitere Öffentlichkeit Kenntnis vom Dublin-System. Mitentscheidend dafür war der 8. März 2015, als das Collectif R eine Kirche in Lausanne besetzte, um dort ein Refugium für Menschen zu schaffen, die von den Dublin-Rückschaffungen bedroht waren.

2. Ein von Deutschland inspirierter Widerstand

Heute müssen Dublin-Ausschaffungen innert einem halben Jahr nach dem definitiven Überstellungsentscheid ausgeführt werden. Nur wenn der oder die Asylsuchende «untergetaucht» ist, kann diese Frist um ein Jahr verlängert werden. Die Halbjahresfrist ist die Handlungsgrundlage für solidarische Organisationen. In Deutschland gewähren die Kirchen immer wieder von der «Überstellung» bedrohten Asylsuchenden Schutz. Die Behörden sind über ihren Aufenthalt informiert, die Flüchtlinge sind also nicht «untergetaucht». Nach dem Ende der Frist sind die Behörden gezwungen, selbst auf das Asylgesuch einzutreten. Das Vorgehen des Collectif R ist von diesem Modell des Kirchenasyls inspiriert, um so gegen die Dublin-Rückschaffungen Widerstand zu leisten. Dies mit dem Unterschied, dass das Kollektiv vorerst die Kirche Saint-Laurent im Stadtzentrum besetzte, wo das Refugium zwar geduldet, aber nicht willkommen war, bevor es schliesslich von der Kirchgemeinde Mon-Gré in der Nähe des Bahnhofs aufgenommen wurde. Über 150 Personen sind im Collectif R aktiv, sie übernehmen Bereitschaftsdienste, um die Bewohner zu schützen, oder organisieren Aktionen. In den zwei Jahren seit seinem Bestehen hat das Kollektiv erreicht, dass 150 Personen einen N-Ausweis und 34 einen B- oder F-Ausweis erhalten haben. Die Erfolge des Collectif R haben ihrerseits Kollektive in anderen Kantonen inspiriert, so etwa im Kanton Bern, wo im November 2016 ein Kirchenasyl in der reformierten Kirche in Belp erreicht hat, dass eine Mutter und ihr achtjähriger Sohn nicht nach Italien ausgeschafft wurden.

3. Die Reaktion der Behörden: noch mehr Repression

Während der Widerstand des Collectif R und anderer solidarischer Organisationen auf individueller Ebene einiges erreicht hat, lassen politische Erfolge auf sich warten. Die Reaktion der Kantone, die sich dadurch belästigt fühlen, dass man ihre ungerechte und gewalttätige Praxis in Frage stellt, besteht bisher in einer Verschärfung der Repression. Dies gilt besonders seit der letzten Asylgesetz-Revision, die es dem Bund erlaubt, jene Kantone, die bei den Rückschaffungen nicht genügend Eifer an den Tag legen, finanziell zu sanktionieren. Im Kanton Waadt wurde der Hausarrest für abgewiesene Asylsuchende seit dem Sommer 2016 ausgeweitet. Die Betroffenen müssen sich von 22 Uhr bis 8 Uhr in ihrer Unterkunft aufhalten, sodass die Polizei sie in dieser Zeit für eine Rückschaffung ganz einfach einsammeln kann. Generell wird in der Schweiz zunehmend zu Zwangsmassnahmen gegriffen, die Bewegungsfreiheit der Asylsuchenden eingeschränkt und die Arbeit der Organisationen erschwert. Angesichts dieser schockierenden Praktiken wächst der Widerstand auch auf politischer Ebene und prangert Zustände an, die eines Landes unwürdig sind, das von sich behauptet, die Menschenrechte zu respektieren.

4. Dublin IV

Der Ministerrat und das Europäische Parlament beraten derzeit über den Neuentwurf der Dublin-Verordnung, den die EU-Kommission im Mai 2016 vorlegte. Grundsätzlich soll die alte Dublin-Zuständigkeitsregel erhalten bleiben. Dieser Grundsatz wird zwar ergänzt durch einen «Korrektur»-Mechanismus, der aber ein bürokratisches Monstrum par excellence ist: In Zukunft sollen die Dublin-Staaten nämlich sämtliche Asylgesuche in einer neu zu schaffenden Mega-Datenbank erfassen. Aus der Bevölkerungsgrösse und der Wirtschaftskraft (BIP) wird für jeden Staat ein hypothetischer Anteil an allen im Dublin-Raum gestellten Asylgesuchen errechnet. Erst wenn die Zahl der tatsächlich in diesem Staat gestellten Gesuche dessen Kontingent um die Hälfte überschreitet, soll ein Umverteilungsmechanismus zum Zuge kommen. Der Haken dabei ist: Weil die Betroffenen im Fall eines Transfers nach wir vor nicht mitreden können, wohin sie kommen, werden sie wie heute versuchen, von sich aus in ein anderes Land zu gelangen. Das heisst, dass sowohl die Dublin-Rückschaffungen als auch der Widerstand dagegen weiter andauern werden. In ihrem neuen Verordnungsentwurf möchte die europäische Kommission auch die heute geltende sechsmonatige Frist streichen. In der Praxis bedeutet diese Änderung, dass eine Dublin-Rückschaffung auch noch nach Jahren möglich ist. Das erschwert natürlich Aktionen wie jene des Collectif R. Aber ist es nicht ein Merkmal jeden Akts des Widerstands, dass er sich ständig neu erfinden muss?

Pizza Sette Giorni
Als Gast in der Nothilfe

Séverine Vitali

Die Einladung, über Gastfreundschaft zu schreiben, erhielt ich, als ich mich auf dem Weg in eine NUK befand. Eine NUK ist eine Notunterkunft für abgewiesene Asylbewerberinnen und -bewerber. Dort bringt oder stellt man Menschen unter, deren Asylgesuch abgelehnt wurde (aus welchen Gründen auch immer), die aber nicht in ihr Land zurückkehren können (aus welchen Gründen auch immer). Diese Menschen leben von sogenannter Nothilfe, das sind 8.50 Franken am Tag. Sie dürfen weder arbeiten noch werden sie beim Spracherwerb gefördert.

Für junge Männer hielt das Nothilfe-System im Kanton Zürich früher noch eine weitere Besonderheit bereit: Sie unterlagen bis Sommer 2016 dem sogenannten Sieben-Tage-Regime, was bedeutete, dass sie sich jede Woche beim Sozialamt zu melden hatten, um zu erfahren, in welche NUK sie als nächstes geschickt würden. Nie länger als sieben Tage am gleichen Ort, damit sie auf keinen Fall Wurzeln schlügen oder sich gar integrierten.

Im Sommer 2016 wurde dieses Regime aufgehoben zugunsten des Systems der Eingrenzung. Eine Eingrenzung bedeutet, dass der oder die Nothilfebeziehende die Gemeinde, in welcher die NUK liegt, nicht verlassen darf. Ob es in der Gemeinde einen günstigen Laden gibt oder nur einen teuren Tankstellen-Shop; ob die Möglichkeit besteht, in einen gewohnten Gottesdienst einer angestammten oder liebgewonnenen Religion zu gehen, interessiert die Behörden nicht.

Das System ist sehr vorteilhaft für die Steuerzahlenden, denn es kostet viel weniger als ein (Ausschaffungs-)Gefängnis, weil keine Standards eingehalten werden (müssen?). In der durchschnittlichen NUK gibt es entweder keine Fenster, oder die Fenster haben wahlweise keine Scheiben oder lassen sich nicht öffnen; im Gegenzug sind dann Türen nicht zu schliessen, dazu muss man sie mit einer Schnur befestigen. Wasserhähne sind nicht durchgehend fürs Wasserspenden geeignet. Warmwasser ist nur für einen Bruchteil der Nutzerinnen und Nutzer vorgesehen. Geschirr- oder Pfannen(-spenden) bleiben im Schrank der Aufsicht, in der Küche dagegen sucht man sie vergeblich.

In manchen NUKs hängt ein Schild, das die Bewohnerinnen und Bewohner daran erinnert, dass sie an diesem Ort Gäste – und nur Gäste – seien und sich darum anständig zu benehmen hätten. (Stellen Sie sich vor, Sie haben Gäste zu sich nach Hause eingeladen und erklären diesen beim Öffnen der Wohnungstür, sie sollten bitte nicht vergessen, dass sie hier nur Ihre Gäste seien und sich deshalb gefälligst aufführen müssen. Ist in der gängigen Auffassung nicht der Gastgeber, die Gastgeberin darum bemüht, es dem Gast so angenehm wie möglich zu machen? Ist nicht der Gast der König?)

Allerdings sind diese NUK-Gäste trotz ihrer maximal prekären Situation meist von erstaunlicher Standhaftigkeit. Sie bleiben. Sie sind nicht einfach kurz auf Besuch. Die Eingegrenzten sind Dauergäste und können nirgends mehr hin. Weder in die Deutschkurse, die von Freiwilligen in den Städten Zürich und Winterthur aufgezogen wurden. Noch in die Beratungsstellen. Sie können auch nirgends auf Besuch gehen.

Darum haben die Freiwilligenorganisationen jetzt angefangen, selber «aufsuchende Freiwilligen-Arbeit» zu machen. Die Deutschkurse finden neu als Home-Schooling statt, nach den Flying Teachers gibt es jetzt fliegende Juristinnen und Juristen. Und ich persönlich gehe am liebsten auf Besuch. Ich bin so frei. Ich lasse mich einladen und bin Gast. Auf Kosten der Nothilfebezüger oder der Steuerzahlenden. Zum Kaffee zum Beispiel oder zum Essen.

Mein heutiger Gastgeber hat von Bekannten Geschirr bekommen und in der NUK-Küche deponiert. Gern sagt er dazu, er helfe der Schweiz. Neulich hat er in der NUK ein Fenster repariert …

Sinniert man über die oben zitierte NUK-Weisheit («Vergiss nicht, dass Du hier nur Gast bist!»), so ergibt sich, dass mein Gastgeber ja eigentlich ein Gast der Schweiz (und der NUK) ist. Als Schweizerin bin ich nach dieser Logik gewissermassen seine Gastgeberin. Aber wenn ich ihn in der NUK besuche, ist er der Gastgeber und ich der Gast. Diese Umkehrung der Positionen eröffnet neue Perspektiven. Eine Umwertung aller Werte!? Wenn wir zusammen Kaffee trinken und essen, reden wir über Gott und die Welt. Darüber, dass wir alle (nur) Gast auf Erden sind (Dann ist ja die Erde die Gastgeberin! Wir sollten uns gefälligst aufführen!). Darüber, wer eigentlich gesagt hat, wer auf der Erde wohin gehen darf und wer nicht. Darüber, warum ich den Zufall, hier geboren worden zu sein statt dort, woher Asylbewerbende stammen, als mein Verdienst anschauen soll. Und warum er den Umstand, dort und nicht hier bei uns geboren worden zu sein, als Selbstverschulden betrachten soll. Darüber, dass wir hier für kurze Zeit aus dieser so starren wie unlogischen Rollenzuteilung ausbrechen und sie sogar umkehren, weil hier nicht ich ihm erkläre, wie was funktioniert bei uns, sondern er die innere Realität der Nothilfe vor meinen Augen ausbreitet. Und mir, der

Autorin eines Kochbuchs mit Rezepten von Flüchtlingen, sein NUK-Rezept verrät, kocht und serviert.[1]

Dieses Rezept möchte ich an dieser Stelle teilen: das Rezept der «Pizza Sette Giorni», die selbst in den kargsten Umständen und quasi en marche oder auf dem Sprung zubereitet werden kann. Mein Gastgeber hat sie in seiner Zeit auf dem «Giro», wie das Sieben-Tage-Regime auch genannt wurde, kreiert:

Man kaufe beim Discounter oder in einer Tankstelle eine Doppelpackung Margherita-Fertig-Pizza, eine Packung grüne entsteinte Oliven, ein Glas grüne scharfe Peperoncini in Essig (reichen für mehrere Male) und eine Büchse Thunfischerzeugnis (Vegetarierinnen und Personen, die sich um die Überfischung der Meere sorgen, lassen das Thunfischerzeugnis weg). Die Oliven und die grünen Peperoncini mit dem Schweizer Taschenmesser in Ringe schneiden und über die 2 Pizzen verteilen; den Thon mit den Fingern in kleine Fetzen zupfen und ebenfalls verteilen. In den vorgeheizten Ofen schieben und dankbar sein, dass der eigene Herd daheim so trefflich und zuverlässig heizt. Die fertigen Pizzen in Stücke schneiden und mit Gästen teilen. Dazu reicht man Wasser aus einem funktionierenden Wasserhahn und geniesst den Blick aus dem verglasten Fenster.

---

1 Séverine VITALI/Ursula MARKUS, *Heimat im Kochtopf.* Rezepte von Flüchtlingen aus aller Welt, Zürich 2015.

Willkommen in einer solidarischen Kirche
Biblische Gerechtigkeit in der Migrationspolitik

Andreas Nufer

Gastfreundschaft ist in allen Kulturen ein hohes Gut. «Zuhause bei Freunden» oder «Willkommen bei uns» schreiben sich viele gern auf die Fahne. Das gilt nicht nur für Sportevents und die Tourismusbranche. Das zählt für fast alle Menschen, Häuser, Gemeinschaften, Städte und Regionen. Wer möchte nicht gastfreundlich sein – auch jenseits des materiellen Gewinns?

Gastfreundschaft pulsiert im Herzen aller Religionen. Hinduistische und buddhistische Gastfreundschaft sind sprichwörtlich. Sie gehört wesentlich zur zweiten der vier vedischen Lebensweisen (Grihasthas). Im Islam ist Gastfreundschaft heilig, Fremde und Andersgläubige sollen aufgenommen und beschützt werden (Sure 9:6). Zum Gurdwara der Sikhs gehört zwingend eine Küche (Langar), in der auch Fremde und Gäste verpflegt werden. Für Guru Nanak ist Gastfreundschaft eines von drei Grundprinzipien. Ähnliches könnte von vielen anderen Religionen aufgelistet werden.

Unzählige Geschichten aus der jüdisch-christlichen Tradition erzählen von der Schönheit und den Tücken der Gastfreundschaft. Der Imperativ, gastfreundlich zu sein, hallt durch die ganze Bibel. In der katholischen Tradition ist Gastfreundschaft eines der sieben Werke der Barmherzigkeit, und in den orthodoxen Kirchen wuchs aus der Philoxenia eine liturgische und künstlerische Tradition. Für Luther ist Gastfreiheit da, wo Kirche ist. Zwingli und Bullinger nahmen Flüchtlinge aus ganz Europa gastfreundlich auf, und der Schweizerische Evangelische Kirchenbund schreibt 2015 auf seiner Website: «Zur reformierten Alltagspraxis gehört die christliche Gastfreundschaft.»

Die jüdisch-christliche Gastfreundschaft ist als Grundhaltung konstitutiv. Wenn Abraham und Sara bei den Eichen von Mamre den/die Fremden empfangen, ist das keine nebensächliche Geschichte, denn es ist der lebendige Gott, der sich dem interessierten und interessanten Paar offenbart, weil es Gastfreundschaft lebte. Die Nachfahren Abrahams und Saras, selber Sklaven in Ägypten, setzten ihrer Situation der Unterdrückung das Bekenntnis entgegen:

«Und wenn ein Fremder bei dir lebt in eurem Land, sollt ihr ihn nicht bedrängen. Wie ein Einheimischer soll euch der Fremde gelten, der bei euch lebt. Und du sollst ihn lieben wie dich selbst, denn ihr seid selbst Fremde gewesen im Land Ägypten.» (Lev 19,33–34a).

Jesus von Nazaret lädt dann alle zum Mahl, auch wenn sie nicht den Konventionen entsprechen. Spätestens bei ihm ist bedingungslose Gastfreundschaft nicht mehr nur eine «nette Zugabe», sondern grundlegendes Element des Gottesglaubens an und für sich (zum Beispiel Mt 25,35 oder Lk 14,15–25 oder Mt 26,26–29).

Gastfreundschaft ist für Christinnen und Christen Ausdruck des Glaubens an den lebendigen Gott und den auferstandenen Christus.

1. Gastfreundschaft gegen innen

Jede Pfarrei, Kirchgemeinde, kirchliche Gemeinschaft oder Organisation muss sich immer wieder selber darüber Rechenschaft ablegen, ob und wie sie Gastfreundschaft lebt. Alle, die das tun, wissen, wie herausfordernd und wunderbar gelebte Gastfreundschaft ist. Immer wieder und allzu schnell tendieren Gemeinden dazu, durch Raum, Sprache, Kultus, Musik, Geste und Denken die Menschen zu teilen. Folgende Bereiche und Fragen sehe ich in der gegenwärtigen kirchlichen Landschaft der Schweiz als Herausforderungen:

Mitgliedschaft/Leitung
• Bildet die Gemeinde die aktuelle Struktur der (christlichen) Bevölkerung ab, oder setzt sie sich nur aus Teilsegmenten zusammen (Alter, Herkunft, Milieu, Geschlecht)?
• Sind Personen – nennen wir sie Menschen mit Migrationsvordergrund – an der Leitung der Gemeinde beteiligt?
• Gilt das Stimm- und Wahlrecht für Ausländerinnen und Ausländer, und wird es wahrgenommen?
• Ist es Armutsbetroffenen praktisch möglich, Mitglied der Kirche zu sein?

Gottesdienst/Gemeindeleben
• Sind Migrantinnen und Migranten, Menschen am Rande und solche mit Handicap oder Armutsbetroffene Teil der Gottesdienstgemeinde und/oder des Gemeindelebens?
• Stehen die Gottesdiensträume/Kirchgemeindehäuser/Pfarreizentren allen Menschen offen, und sind sie für möglichst viele Bevölkerungsgruppen gastfreundlich gestaltet?

- Beteiligen sich verschiedene Bevölkerungsgruppen an Liturgie, Verkündigung und Gemeindeleben?
- Werden verschiedene Bedürfnisse/Themen aus verschiedenen Bevölkerungsgruppen im Gottesdienst/in der Gemeinde aufgenommen?
- Verstehen möglichst viele Menschen die Sprache, die im Gottesdienst/in der Pfarrei gesprochen wird?
- Sind Sprache, Riten, Mimik, Gestik und Musik, die in der Gemeinde gepflegt werden, inklusiv oder exklusiv?
- Pflegt die Gemeinde/Pfarrei Kontakte zu anderen Konfessionen und Religionen?
- Sind Menschen aller sexuellen Orientierungen (LGBTI) im Gottesdienst/in der Gemeinde willkommen, und nehmen sie aktiv teil?
- Sind Menschen mit Migrationsvordergrund angemessen unter den Angestellten vertreten?
- Werden Anliegen aus der weltweiten Kirche in der Gemeinde aufgenommen und diskutiert?

Sozialdiakonie
- Beschränken sich die sozialdiakonischen Angebote auf schweizerische Staatsangehörige und Mitglieder der Gemeinde, oder stehen sie allen Menschen offen?
- Beschränken sich die sozialdiakonischen Angebote auf Einzelberatung, oder werden sie auf die Gemeinwesenarbeit ausgeweitet?
- Werden Flüchtlinge, Menschen mit Migrationsvordergrund, Seniorinnen und Senioren, Jugendliche, Menschen mit Handicap, Armutsbetroffene, Menschen am Rande animatorisch und anwaltschaftlich begleitet und befähigt?
- Erhalten möglichst viele Teile der Bevölkerung die Möglichkeit, eigene Projekte mit Migrantinnen und Migranten umzusetzen?

Bildung/Katechese
- Haben möglichst viele Bevölkerungsgruppen Zugang zu Bildungsveranstaltungen der Gemeinde/Pfarrei?
- Sind verschiedene Bildungsangebote auf je verschiedene Bedürfnisse in der Bevölkerung ausgerichtet, oder orientieren sie sich oft an ähnlichen Gruppen?
- Haben alle Kinder und Jugendlichen Zugang zur Katechese?

(Diese Fragenliste ist weder vollständig noch abschliessend und kann problemlos erweitert werden.)

2. Gastfreundschaft gegen aussen

Kirchgemeinden und Pfarreien sind keine privaten Vereine, sondern öffentliche Organisationen. Sie stehen grundsätzlich nicht nur allen Menschen offen, sondern sind Teil des Oikos und der Polis. Jede Kirchgemeinde/Pfarrei hat auch einen politischen Auftrag, weil sie nicht nur für sich selber existiert. Sie ist aufgerufen, das gesellschaftliche Leben auf dem Hintergrund der biblischen Botschaft mitzugestalten. Es ist eine vornehme Aufgabe, dass sie das Gemeinwohl aller Menschen verteidigt und die Schwächsten schützt. Lokale und weltweite Solidarität ist deshalb ein christliches Grundanliegen. Aus theologisch-kirchlicher Perspektive ist die gelebte Gastfreundschaft nicht nur auf die eigenen Gemeinden beschränkt, sondern ein Anliegen an die ganze Gesellschaft.

Seit je gibt es gegen dieses Grundanliegen einer gastfreundlichen Kirche in einer solidarischen Gesellschaft Widerstand. Aktuell sind es nationalkonservative und rechtspopulistische Parteien und Kreise, die die Kirchen auffordern, «sich nicht in die Politik einzumischen» und bevorzugte Rechte für Einheimische fordern.

Deshalb gilt es neu zu betonen, dass aus christlich-biblischer Sicht die Einteilung der Menschen nach Herkunft, Klasse, Kultur, Geschlecht, wirtschaftlicher Nützlichkeit oder Religion nicht übernommen werden kann. Dies gilt auch dann, wenn die Kirchen eingestehen müssen, dass sie immer wieder selber solche Klassifizierungen bewusst und unbewusst vornehmen. In der biblischen Tradition sind alle Menschen gleichwertig und haben im Gegenüber zum Schöpfergott eine je eigene, unteilbare Würde. Daraus folgt, dass alle Menschen gleiche Rechte haben. Der biblische Grundsatz der Gerechtigkeit ist gerade in der aktuellen schweizerischen und europäischen Migrationspolitik deutlich einzufordern. Das gilt nicht nur für die Rechte von Flüchtlingen und Migrantinnen und Migranten, sondern auch in der globalen Wirtschafts- und Handelspolitik. «Die Schweiz zuerst» ist gerade im Kontrast zu den aktuellen Flüchtlingsströmen keine Option, weil sie die Gleichwertigkeit der Menschen verneinen würde und die biblisch-kirchliche Gastfreundschaft zur naiven Farce verkäme. Solidarität, die Übersetzung des biblischen Wortes Liebe, ist nur mit dem Blick aufs Ganze zu haben, weil sonst der lebendige Gott des Universums zu einem Kriegshelden oder Götzen einer bestimmten Gruppe würde.

Die von einer Gruppe Theologinnen und Theologen aus der Schweiz im Jahr 2015 herausgegebene «Migrationscharta»[1] leitet aus diesen Grundsätzen drei Grundrechte einer neuen Migrationspolitik ab:

- *Das Recht auf freie Niederlassung*: Jeder Mensch hat das grundsätzliche Recht, seinen Wohnort selbst zu wählen. Anders ist die Gleichheit der Menschen kaum zum Ausdruck zu bringen. Gleichzeitig würde die Anerkennung dieses Grundrechtes bewirken, dass auch die Kleinen und Bedrohten in Würde migrieren könnten. Das Grundrecht auf freie Niederlassung kann dann allerdings nicht alleiniger Grundsatz einer solidarischen Gesellschaft sein. Es muss zu allen anderen Grundrechten, wie zum Beispiel jenem auf Arbeit oder Schutz von Minderheiten in Beziehung gestellt werden.

- *Das Recht auf Asyl*: Es braucht auch bei einem weltweit geltenden Recht auf freie Niederlassung das Recht auf Asyl für besonders verletzliche Personen. Dabei müssen Asylsuchende gleich behandelt werden wie alle anderen Menschen, was heute leider fast nirgends gegeben ist.

- *Das Recht auf Sicherung der Existenz*: Jede Person hat das Recht auf eine würdige und sichere Existenz dort, wo sie lebt. Diesem Grundrecht muss jede Wirtschafts- und Handelspolitik standhalten können. Das ist heute ganz und gar nicht gegeben, weil die pure Armut und das nackte Elend Millionen in die Flucht treiben.

Kirchen, Hilfswerke, christliche Gemeinschaften und Zivilgesellschaft haben in der Schweiz eine lange Tradition gelebter Gastfreundschaft. Auch heute leben tausende Freiwillige und Angestellte vor Ort eine solidarische Kirche, indem sie Flüchtlinge, Zugewanderte, Handicapierte, Jugendliche, Seniorinnen und Senioren, Menschen am Rand, LGBTI, Armutsbetroffene oder Benachteiligte begrüssen und mit ihnen emanzipatorische Projekte umsetzen, zum Beispiel ein Festival der Kulturen, das von Künstlerinnen und Künstlern mit Migrationsvordergrund selbst organisiert wird. Diese solidarische Gastfreundschaft gilt es für die ganze Gesellschaft fruchtbar zu machen.

---

1 Vgl. www.migrationscharta.ch. Der Autor ist Mitautor der Migrationscharta. Mehrere Formulierungen in diesem Text sind an die Formulierungen der Migrationscharta angelehnt.

Autorinnen und Autoren

Alekper Aliyev, geboren in Baku (Aserbaidschan), studierte an der Marmara Universität in Istanbul Kommunikationswissenschaften mit Schwerpunkt Marketing und Public Relations. Hat in Aserbaidschan und anderen Ländern zahlreiche Bücher publiziert. Seit Juni 2012 lebt er mit seiner Familie (zwei Söhne) in der Schweiz.

Choedon Arya stammt aus dem Tibet. Sie ist Yogalehrerin und Schauspielerin und kam 2013 in die Schweiz. Wartet noch auf die Aufenthaltsbewilligung.

Fana Asefaw, Dr. med., in Eritrea geboren und in Deutschland aufgewachsen. Fachärztin für Kinder- und Jugendpsychiatrie und Psychotherapie, Studium der Humanmedizin 1996–2002 an der Universität Witten/Herdecke in Witten. Promotion in der Gynäkologie 2007 an der Charité der Humboldt-Universität zu Berlin. Seit 2016 Leitende Ärztin im Ambulatorium des Zentrums für Kinder- und Jugendpsychiatrie und -psychotherapie der Clienia Littenheid AG, Standort Winterthur.

Samuel M. Behloul, Tit. Prof. Dr., Studium der Theologie, Philosophie, Arabistik und Islamwissenschaft in Luzern und an der FU Berlin. Fachleiter Christentum am Zürcher Institut für interreligiösen Dialog, ZIID und Titularprofessor am Religionswissenschaftlichen Seminar der Universität Luzern. Lehrschwerpunkte sind religiöser Pluralismus, Religion und Migration, Kirche und Migration sowie Islam in Geschichte und Gegenwart.

Heidrun Friese, Dr. phil., ist Professorin für Interkulturelle Kommunikation an der Technischen Universität Chemnitz. Ihre Forschungsschwerpunkte umfassen u. a. (kulturelle) Identitäten und Erinnerung, postkoloniale Perspektiven, Mobilität und transnationale Praktiken, Freundschaft und Gastfreundschaft, digitale Anthropologie und Mittelmeerforschung.

Constantin Hruschka ist promovierter Historiker und Jurist. Er arbeitet am Max-Planck-Institut für Sozialrecht und Sozialpolitik in München. Bis 2017 leitete er die Abteilung Protection der Schweizerischen Flüchtlingshilfe SFH. Vorher war er als Jurist für das UN-Flüchtlingshilfswerk UNHCR tätig. Er unterrichtet Europäisches Recht und internationales und nationales Flüchtlings- und Asylrecht an verschiedenen Hochschulen und ist Mitglied der Eidgenössischen Migrationskommission EKM. Zudem ist er Autor vieler Fachpublikationen zum deutschen, schweizerischen und europäischen Migrationsrecht.

Amanda Ioset ist seit 2014 Geschäftsführerin von Solidarité sans frontières, einer unabhängigen Organisation, die sich für die Grundrechte aller Flüchtlinge und Migrantinnen und Migranten einsetzt. Sie stammt aus Neuchâtel, hat Geschichte und Wirtschaft studiert und war vier Jahre lang Sekretärin der Partei der Arbeit Schweiz.

Martina Kamm ist Migrationsforscherin, Soziologin und Germanistin. Von 2001 bis 2009 war sie wissenschaftliche Mitarbeiterin am Schweizerischen Forum für Migrations- und Bevölkerungsstudien SFM der Universität Neuenburg. Sie ist Gründerin und Leiterin der Plattform Face Migration, auf der sich Forschende und Kulturschaffende unterschiedlichster Fachrichtungen vereinigen. Face Migration setzt sich zum Ziel, neuere Phänomene der Migration interdisziplinär zu erforschen und mit künstlerischen Mitteln darzustellen.

Anni Lanz liess sich zuerst als Zeichenlehrerin ausbilden und arbeitete nach Abschluss ihres Soziologiestudiums 16 Jahre lang als Wirtin, engagierte sich dabei auf lokaler und nationaler Ebene als Feministin und Aktivistin der Flüchtlings- und Sans-Papiers-Bewegung. Ab 1996 koordinierte sie acht Jahre lang die politische Arbeit von BODS/Solidarité sans frontières. Heute ist sie im Basler Solinetz aktiv.

Walter Leimgruber ist Professor an der Universität Basel, wo er das Seminar für Kulturwissenschaft und Europäische Ethnologie leitet. Seine Forschungsgebiete umfassen Kulturtheorie und -politik, Migration und Transkulturalität, visuelle und materielle Kultur und Museen. Zurzeit arbeitet er an Forschungsprojekten zur Auswanderung aus der Schweiz, zur Migration von Hochqualifizierten und zum

Wandel des städtischen Raums und der Kommunikation in Quartier ter der Migration. Er präsidiert die Eidgenössische Migrationskommiss.

Hussein Mohammadi, geboren in Afghanistan, lebt seit einigen Jahre Schweiz.

Khusraw Mostafanejad, geboren im iranischen Teil von Kurdistan, liess si Journalist ausbilden und schrieb über kurdische Anliegen. Flüchtete 2010 in irakischen Teil von Kurdistan. Zwei Jahre später setzte er seine Flucht über Türkei und Griechenland fort in die Schweiz, wo er seit Ende 2013 lebt. Nac dem sein erster Asylantrag abgelehnt worden war, legte er Rekurs sein. Heute ha er den Status eines vorläufig aufgenommenen Ausländers (F) und schlägt sich mit journalistischen Arbeiten durch.

Andreas Nufer, Pfarrer und MAS in Ökumenischer Theologie, wirkte als Pfarrer in der Lutherischen Gemeinde in Belém, Brasilien, in der ökumenischen Gemeinde Halden, St. Gallen, und arbeitet seit 2012 an der Heiliggeistkirche in Bern. Dort ist er zusätzlich Projektleiter der Offenen Kirche Bern. Er war Mitbegründer des Solidaritätsnetzes Ostschweiz, des Sozial- und Umweltforums Ostschweiz und Vorstand in der NGO Public Eye (Erklärung von Bern). Seit 2017 ist er Co-Präsident der Berner Beratungsstelle für Sans Papiers und des Netzwerks migrationscharta.ch.

Philippe Rekacewicz ist Geograf, Kartograf, Informationsdesigner und Journalist. Nach seinem Studium an der Universität La Sorbonne in Paris war er von 1988 bis 2014 Mitarbeiter der Monatszeitung *Le Monde diplomatique* in Paris. Zugleich leitete er von 1996 bis 2007 die Kartografie-Abteilung eines Ablegers des Umweltprogramms der Vereinten Nationen in Norwegen (UNEP/GRID-Arendal). Seit 2014 arbeitet er als Geograf und Kartograf für Kunstmuseen, geopolitische Einrichtungen und internationale Organisationen. Zusammen mit Philippe Rivière ist er Koordinator der Webseite visionscarto.net und unterrichtet als Gastprofessor an den Universitäten London, Dublin, Zürich und Genf.

Miriam Schneider, MA Interreligious Studies/Theologie, ist seit 2017 Assistentin am Institut für Christkatholische Theologie der Universität Bern und Doktorandin an der Theologischen Fakultät der Universität Basel, wo sie im Bereich von interreligiösen Beziehungen promoviert.

Marc Spescha, Dr. iur., arbeitet seit 1991 als Rechtsanwalt und seit rund 20 Jahren mit Schwerpunkt auf dem Gebiet des Migrationsrechts. Er ist Lehrbeauftragter für Migrationsrecht an der Universität Fribourg i.Ue. und seit vielen Jahren an diversen Fachhochschulen und Bildungsinstituten als Dozent tätig. Daneben ist er Autor zahlreicher Publikationen; u.a. Mitherausgeber des OF-Kommentars Migrationsrecht sowie des Handbuchs für Migrationsrecht.

Séverine Vitali schloss nach dem Studium von Altgriechisch, Indogermanistik und Altgermanistik eine Ausbildung zur Konferenzdolmetscherin ab und arbeitet bis heute in diesem Beruf. Sie ist Gründungsmitglied des Solinetzes Zürich und engagiert sich dort im Vorstand und in verschiedenen Projekten. 2015 und 2016 verfasste sie zusammen mit der Fotografin Ursula Markus die Koch- und Portraitbücher «Heimat im Kochtopf» und «La cuisine des réfugiés».

Hans-Peter von Däniken studierte Germanistik, Kunstgeschichte und Nordische Sprachen an den Universitäten Zürich und Uppsala (Schweden); er unterrichtete Deutsch und Kunstgeschichte an Gymnasien, war Kulturredaktor beim Schweizer Radio und später beim Tages-Anzeiger, wo er das Ressort Kultur leitete. Seit 2005 ist er Direktor der Paulus Akademie in Zürich und dort zuständig für den Fachbereich Soziales, Politik und Kultur. Seine Schwerpunktthemen sind Migration und Integration, Strafrecht, das Verhältnis der Schweiz zu Europa, Kultur an der Schnittstelle von Ethik und Politik und interreligiöse Reisen.